KB089694

의욕상실
극복 중입니다

의욕상실
극복 중입니다

무기력을 이겨내는 심리 상담서

오시마 노부요리 지음
이용택 옮김

이너북

무기력해지는 원인은
알아차리기 힘들다

여러분은 다음과 같은 상태를 겪은 적이 있는가?

- 내일 아침까지 발표 자료를 준비해야 하는데, 늦은 밤이 되어도 작업을 시작조차 하지 못한다.
- '지금 곧바로 하라'는 지시를 받아도 일을 뒤로 미루기만 한다.
- 자격증을 따면 지금보다 좋은 대우를 받을 수 있는데 꾸물대기만 하고 시험공부에 손대지 못한다.
- 업무상 중요한 시점에 집중하지 못한다.

- 장래를 생각하면 불안해져서 당장 의욕이 생기지 않는다.
- 상사에게 심한 말을 들으면 업무 속도가 더 느려진다.
- 우울한 일정이 잡혀 있으면 몸이 움직이지 않는다.

나는 심리 상담가로 일하며 연간 8만 건 이상의 심리 치료를 하고 있다. 위에서 소개한 것처럼 자신의 생각과 상관없이 의욕이 생기지 않고 몸이 움직이지 않는다고 느끼는 사람들이 많이 상담받으러 온다. 또는 부모가 무기력 상태에 빠져 집안에 틀어박혀 지내는 자녀를 걱정해 찾아오는 경우도 있다.

그들은 모두 의욕이 생기지 않고 몸이 움직이지 않는 원인으로 게으른 습관, 약한 의지, 무심코 뒤로 미루는 성격을 지목한다. 자신의 굼뜬 성격이나 나약한 정신 때문에 쉽게 무기력해진다고 생각하는 것이다.

자기계발서를 읽고 긍정적으로 생각하려고 노력하면 무기력 상태에서 벗어날 수 있다고 믿는 사람이 많다. 그렇게 해서 일시적으로 긍정적이고 의욕적인 마음가짐을 지닐 수 있겠지만, 이내 사소한 일에 발목이 잡혀 또다시 원래 상태로 돌아가거나 전보다 더 무기력해지는 경우도 있다. 이러한 일이 반복되다 보면 의지가 약한 자신을 탓하게 되고 심각한 자기혐오와 자기불신의 악순환을 겪게 되고 만다.

무기력해지면 왜 자신의 몸과 마음을 스스로 제어하지 못하게 되는 걸까? 가장 먼저 지적하고 싶은 사실은 자신이 생각하는 무기력의 원인과 진짜 원인이 서로 다른 경우가 많다는 것이다.

제1장에서 자세히 설명하겠지만, 무기력의 원인은 자신의 내부에 있지 않고 외부에 있는 경우가 많다. 이 책에서는 그 사실을 객관적으로 인식하는 '외재화'에 대해 설명한

다. 즉, 자신을 무기력하게 만드는 원인을 객관적으로 인식하지 못하기 때문에 무의식적으로 자신을 탓하고 더욱 행동하지 못하게 되는 악순환을 겪게 되는 것이다.

생각만 하고 행동하지 못하는 상태에 빠진 사람은 마치 마음속에 '버그'가 발생한 것과 같다. 버그는 컴퓨터 용어로, 시스템 속에 숨어 있는 오류를 말한다. 컴퓨터에 버그가 발생하면 시스템 전체가 어그러져서 다운되기도 한다.

단 하나의 버그가 컴퓨터를 작동하지 못하게 만드는 것처럼, 마음속에 숨어 있는 단 하나의 버그 역시 사람을 움직이지 못하게 만든다. 그래서 마음속의 버그는 생활에 지장을 주고, 생각지도 못한 건강상의 문제를 가져오기도 한다. 게다가 버그가 발생하는 원인은 자신이 평소에 의식하지 못하는 곳에 숨어 있는 경우가 많아서 대부분의 사람이 스스로 버그의 원인을 알아차리지 못한다.

마음속 버그가 어디에서 발생했는지 찾아낼 수 있다면

오류를 제거하는 것도 가능하다. 이 책을 읽는 동안 버그의 원인을 추정하고, 더 나아가 구체적인 버그의 모습까지 찾아낼 수 있을 것이다. 버그를 알아차리는 것만으로도 현재 상태를 파악하는 데 도움이 되며, 자신의 변화를 실감하고 자신을 신뢰하는 마음도 회복할 수 있다.

내가 심리 치료에서 내담자에게 실시하는 심리요법은 일반적인 심리학이나 정신의학요법과는 약간 다르다. 나의 심리요법은 마음속 버그의 원인을 객관적으로 바라보고 '외재화'하는 방법이다. 독자 여러분이 그 점을 잘 이해한다면 저자로서 커다란 기쁨일 것이다.

제1장에서는 지금 느끼고 있는 무기력 상태, 즉 버그가 발생한 상태를 방치하면 어떤 문제로 이어지는지 살펴보고 무기력 상태를 경시하지 않기 위해 알아두어야 할 기본 사항을 설명한다.

제2장부터 제4장까지는 무기력(버그)을 만들어내는 커다란 요인인 만능감(제2장), 타인의 질투와 간섭(제3장), 부모님과의 관계(제4장)에 관해 설명한다.

위에 나열한 요인만 읽어서는 아직 무슨 말인지 알 수 없을 것이다. 본문에서는 내가 실제로 심리 상담했던 사례를 덧붙여가며 무기력(버그)이 발생하는 메커니즘에 관해 상세히 설명하겠다. 그리고 구체적인 '버그 퇴치법'도 함께 소개하겠다.

한 명이라도 더 많은 사람이 마음속 버그를 제거하고 무기력 상태에서 홀가분하게 벗어날 수 있기를 기원한다.

제1장 무기력 상태는 이렇게나 위험하다

제2장 내 안에 무기력을 만드는 감정이 있다

제3장 질투와 간섭을 받으면 무기력해진다

제4장 부모와 자식관계에서
무기력이 발생한다

버그를 제거할 수 있는가?

무기력 상태는
이렇게나
위험하다

무기력한 태도는 주변 사람들의 눈총을 받기 쉽다. 업무 일정을 제대로 지키지 못하거나 결근을 밥먹듯이 하는 게으르고 의욕 없는 사람이 주변 사람에게 사랑받을 일은 없다. 남들을 무기력하다고 손가락질하다가도 정작 본인이 무기력 상태에 빠져버리면 스스로 한심하다고 느낄 때도 있다. 특히 남성은 심리 상담가를 찾아가 상담 받는 것에 거부감을 느끼는지 무기력 증상이 심각해질 때까지 방치하는 경우가 많다.

이번 장에서는 무기력 상태가 어떤 문제를 일으키는지, 왜 무기력 상태가 위험한지 등 기본적으로 알아두어야 할 사실을 설명한다.

01

무기력증이 지속되면
자포자기한 상태가 된다

심리학에서는 의욕이 없어서 행동하지 못하게 되는 상태를 '학습된 무기력(또는 학습된 무력감, learned helplessness)'이라고 한다. 학습된 무기력이란, 아무리 노력해도 성과를 얻지 못하는 부정적인 경험이 지속된 결과, 무슨 일을 하든 무의미하고 쓸모없게 느껴져 현재 상태에서 벗어나려고 노력하지 않는 상태, 즉 어떤 대상에도 희망을 품지 못하고 자포자기해진 상태를 뜻한다.

무기력이 학습된다는 사실은 1965년에 심리학자 마틴

셀리그먼^{Martin Seligman}이 개를 대상으로 실시한 전기충격 실험을 통해 입증했다. 실험에서는 개 두 마리를 전기가 흐르는 A, B방에 각각 넣는다. A방은 버튼을 누르면 전기충격을 피할 수 있는 방이다. B방은 아무리 발버둥 쳐도 전기충격을 피할 수 없는 방이다. A방에 들어간 개는 버튼을 누르면 전기가 꺼진다는 사실을 학습하여 전기가 흐르면 곧바로 버튼을 눌러 전기충격을 피했다. 반면 B방에 들어간 개는 아무리 발버둥 쳐도 전기를 끌 수 없다는 사실을 학습하여 아무런 행동도 취하지 않게 되었다.

그 후 B방의 개를 A방으로 옮겼다. 원래 A방에 있던 개는 전기가 흐를 때마다 버튼을 눌러 전기충격을 피했지만, 원래 B방에 있던 개는 전기충격을 피할 수 있는 버튼이 있음에도 불구하고 꼼짝도 하지 않은 채 전기충격을 담담히 버텨낼 뿐이었다.

위의 실험과 별개로 한 연구 기관에서 인간을 대상으로 비슷한 실험을 진행했다. 전기충격을 가하는 대신 불쾌한 잡음을 들려주는 실험이었는데, 개를 대상으로 한 실험과 동일한 결과가 나왔다. 실험 초반에 불쾌한 잡음을 멈추지 못한 그룹은 실험 마지막 단계에서 잡음을 멈출 수 있는 상황이 되었음에도 불구하고 잡음을 멈추는 데 성공한 비율이 낮았던 것이다. 다시 말해, 위와 같은 실험은 인간의 무기력이 경험에 의해 학습된다는 사실을 암시한다.

일상생활에서도 끊임없이 질책을 당하다 보면 뇌의 상태가 전기충격이나 잡음에 노출될 때와 비슷한 상태가 된다. "넌 참 못났다."라는 언어의 전기충격을 지속적으로 받다 보면, 스스로 '못난 자신'을 재현하고자 자신을 '못났다'고 믿어버리고 실제로 '못난 사람'이 되고 만다.

이러한 학습된 무기력이 야기하는 피해는 정신적인 면에 그치지 않는다. 학습된 무기력이 신체 건강과도 관련되어 있음은 여러 실험을 통해 밝혀졌다. 대표적인 예가 위궤양과 암의 발병이다. 연구자 제이 와이스Jay Weiss가 쥐를 대상으로 실시한 실험에 따르면, 전기충격을 스스로 제어하거나 피할 수 없는 상황에 지속적으로 노출된 쥐는 중증 위궤양과 암이 발병했고 그 진행 속도도 빨랐다.

또한 인간을 대상으로 한 실험에서는 강한 스트레스에

서 벗어나지 못한 경우, 면역체계에 변화가 생겨 알레르기 질환이나 암 발병에 영향을 줬다.

02

호르몬 분비에 변화가 생기면
무기력해진다

인간의 뇌에는 사물을 추리 · 판단 · 기억 · 학습하는 기능을 담당하는 신경세포와 희로애락의 감정 조절을 담당하는 신경세포가 각각 존재한다. 이러한 신경세포끼리는 신호를 서로 주고받는다. 이때, 신경세포 간의 신호를 이어주는 것이 신경전달물질이라고 불리는 화학물질이다.

각각의 신경세포가 신경전달물질을 통해 연결됨으로써 사람은 지능을 발휘하고, 웃거나 울 수 있는 것이다. 이처럼 중요한 역할을 담당하는 신경전달물질은 100여 종류 이상 된다고 알려져 있다. 그중에서 도파민, 아드레날린, 노르아드레날린, 세로토닌과 같은 호르몬은 무기력증과 밀접하게 연관되어 있다.

결론부터 말하면, 학습된 무기력에 빠진 사람의 뇌에는 노르아드레날린*과 세로토닌** 양이 부족한 것으로 알려져 있다. 노르아드레날린은 교감신경의 활동을 촉진해서 혈압을 올리고 말초혈관을 수축시킨다. 노르아드레날린이 분비되면 의욕이 솟구치지만, 그와 동시에 긴장하고 흥분한 상태가 된다.

세로토닌은 노르아드레날린이나 도파민(아드레날린이 생성되기 전 단계의 물질로, 흥분상태를 조절한다)의 기능을 억제해 정신을 안정되게 하고 감정 상태를 일정하게 유지하는 데 관여한다. 체내에 세로토닌 양이 부족해지면 불안이나 우울한 증상이 나타난다.

---

* 노르아드레날린은 '활력과 분노의 호르몬'이라고 불린다. 심장 활동을 촉진해 에너지를 생성하고 인체에 활력을 솟게 한다. 그러나 과하게 분비되면 심장 박동이 빨라지고 분노, 공포, 불안감을 느끼게 된다.

** 세로토닌은 '행복 호르몬'이라고 불린다. 긴장감과 흥분감을 조절할 뿐만 아니라 폭력, 충동, 중독, 폭식 등 극단적인 행동을 조절한다. 그래서 세로토닌 양이 부족하면 우울증, 공항장애, 만성피로와 같은 증상을 겪게 된다.

학습된 무기력 상태에 빠진 사람의 뇌에서는 노르아드레날린과 세로토닌 양이 감소한다는 연구 결과가 있지만, 왜 감소하는지는 정확히 밝혀지지 않았다. 다만 치료 측면에서만 생각한다면, 우울증 환자의 증상을 완화하기 위해서는 일단 노르아드레날린과 세로토닌의 양을 늘려주는 것이 좋다고 할 수 있다.

노르아드레날린이나 세로토닌은 적당히 분비되면 치료에 긍정적인 효과를 주지만, 과잉 분비되면 인체에 악영향을 미친다. 때문에 인체에는 노르아드레날린이나 세로토닌 양이 지나치게 증가했을 때 수치를 낮추는 효소인 모노아민산화효소(MAO, monoamine oxidase)가 내제하고 있다.

03

노르아드레날린과
세로토닌이 감소하면?

연구자 제이 와이스는 쥐 실험(20쪽)을 통해 스트레스 강도가 높은 환경에 놓인 쥐는 위궤양에 걸릴 확률이 높다는 것을 확인했다. 이후 노르아드레날린과 학습된 무기력 사이의 관계에 문제를 제기했다. 노르아드레날린이 분비되면 의욕이 솟구치는 동시에 긴장감을 느끼게 되는데, 이때 긴장감이 오래 유지되어 스스로 스트레스를 제어하지 못하는 상태가 되면 무기력해진다는 것이다. 즉, 긴장하면서도 의욕이 솟구치던 처음 상태와는 거리가 먼 상태가 되는 것이다.

여기서 제이 와이스는 고통을 견디는 시간과 어려움을 해결하는 난이도 정도에 따라 노르아드레날린 분비량이 변화한다고 설명한다. 가혹한 상태가 오랫동안 지속되면 언제 끝날지 알 수 없기 때문에 절망감이 더욱 커진다. 그로 인해 체내에서 만들어지는 노르아드레날린의 양에 한계가 발생하고 학습된 무기력 상태와 동일하게 노르아드레날린 양이 감소하는 현상이 일어나는 것이다.

세로토닌과 학습된 무기력 사이의 관계 또한 많은 실험을 통해 밝혀졌다. 실험 결과에 따르면, 세로토닌의 부족도 학습된 무기력 상태를 일으킨다고 한다.

앞에서 말했듯이, 신경세포에서 신경세포로 신호를 전달할 때 신경전달물질이 분비된다. 세로토닌도 이렇게 분비되며, 신경세포의 수용체가 분비된 세로토닌을 흡수한다. 이때 설령 세로토닌이 많이 분비되더라도 세로토닌을 흡수하는 수용체가 지나치게 늘어나면 세로토닌의 효과는 약화된다. 그래서 수용체가 지나치게 늘어난 경우에는 수용체의 일부를 차단함으로써 세로토닌의 양을 증가시킬 수 있다.

수용체를 차단하려면 어느 정도 시간이 걸리기 때문에 그동안은 차분히 기다려야 한다. 다시 말하면, 세로토닌이 감소해 의욕이 사라지고 무기력해진 사람은 푹 쉬어야 한다. 충분한 휴식을 취하지 않고 몸과 마음을 혹사하면 또다시 세로토닌이 한 번에 분비되고 그로 인해 수용체가 늘어나 세로토닌의 효과가 단숨에 감소하게 된다.

세로토닌의 수용체가 지나치게 늘어남으로써 세로토닌을 나눠서 흡수하게 되고, 결과적으로 세로토닌 효과는 감소하게 되는 것이다. 이처럼 신경전달물질이 기능을 제대로 발휘하지 못하게 되면 어느 날 갑자기 모든 것이 귀찮아지는 무기력증에 빠지게 된다.

현재 비교적 자주 사용되는 우울증 치료약 SSRI(selective serotonin reuptake inhibitor, 선택적 세로토닌 재흡수 억제제)는 수용체가 세로토닌을 재흡수하지 못하도록 방해하는 기능을 한다. 이 약은 세로토닌이 증가함과 동시에 늘어난 수용체를 차단함으로써 세로토닌이 수용체에 재흡수되어 감소하는 것을 방지한다. 수용체가 차단됨으로써 갈 곳을 잃은 세로토닌은 신경세포와 신경세포 사이를 떠다니게 되고, 결과적으로 뇌에 세로토닌 양이 증가하게 되는 것이다.

04

학습된 무기력은
우울증일까?

학습된 무기력 증상이 마치 우울증과 비슷하다고 생각되지 않는가? 그렇게 생각한다면 지금까지 내가 설명한 내용을 잘 이해한 것이다. 다양한 실험 결과와 의학 논문을 살펴보면 학습된 무기력과 우울증 사이에는 유사 관계와 공통점이 매우 많다. 증상에 주목해보면 양쪽의 차이는 거의 없을 정도다.

업무나 공부를 해야 하는데 전혀 의욕이 생기지 않아서 하루 종일 텔레비전을 보며 빈둥대는 사람, 방이 어질러져

제1장 무기력 상태는 이렇게나 위험하다

있어도 청소할 마음이 도무지 생기지 않는 사람, 좀처럼 잠을 이루지 못하는 사람……. 이러한 상태가 학습된 무기력 증상인지 우울증인지, 일반인은 판별하기 어렵다.

무기력이나 의욕 감퇴를 겪어 좀처럼 몸이 움직이지 않는 것은 분명히 우울증의 주요 증상이기도 하다. 다만 학습된 무기력의 경우에는 무기력해지는 대상이 회사 업무나 공부 등 본업에 특정되어 있다. 반면 우울증의 경우에는 무기력해지는 대상이 일상생활 전반에 걸쳐 있다.

우울증이나 조울증에 걸리면 사물에 대한 흥미와 관심이 사라진다. 기분이 가라앉고, 기쁜 감정을 느낄 수 없게 되고, 무기력해지며, 쉽게 피로를 느끼게 된다. 현재 병원에서 우울증을 진단할 때 사용하는 세계보건기구(WHO)의 국제질병분류 기준 'ICD-10'에는 다음과 같은 증상이 적혀 있다.

- 집중력과 주의력이 저하한다.
- 자신감이 없어지고 자신에 대한 평가가 낮아진다.

- 죄책감을 느끼거나 어떤 것에서도 가치를 발견하지 못하게 된다.
- 장래를 비관적으로 생각하게 된다.
- 자해나 자살 충동을 느끼고 실제로 시도하기도 한다.
- 수면 장애가 일어난다.
- 식욕 부진이 일어난다.

이러한 증상이 약 2주 동안 지속되면 우울증으로 진단한다. 위의 증상들을 살펴보면 알 수 있듯이 학습된 무기력 증상은 우울증 증상과 여러모로 닮았다.

우울증 역시 노르아드레날린과 세로토닌의 부족과 관련 돼 있다는 점은 이미 밝혀졌다. 증상과 발병기전에서도 학습된 무기력과 우울증은 떼려야 뗄 수 없는 관계임은 틀림 없다. 따라서 무기력 상태를 방치하면 결국에는 우울증으로 이어질 우려가 있다고 할 수 있다.

05

우울증 환자의 증가는 무엇을 의미할까?

이처럼 우울증은 학습된 무기력과 많은 점이 비슷한데, 최근 몇 년 동안 한국에서는 우울증 환자가 증가하는 추세다.

2014년 한 대학 연구팀이 한국과 미국의 환자 5천3백 명을 비교 분석한 결과, 우울증 심각도 진단 수치에서 한국 환자(14.58점)가 미국 환자(19.95점)보다 30% 정도 낮았다. 그러나 우울증이 자살과 같이 극단적인 상황으로 이어지는 경우는 한국 환자에게서 더 많이 나타났다. 한국 우울증 환자 가운데 자살을 시도했거나 생각한 적이 있는 환자

수(6.9%)는 미국 환자수(3.8%)보다 2배 가까이 높았다.

이러한 결과는 한국 환자들이 우울감을 잘 표현하지 않고 속으로 삭이면서 치료 시기를 놓치고 병을 더 키우기 때문인 것으로 해석되고 있다.

같은 해 세계보건기구(WHO)가 발표한 자료에 따르면 172개 회원국 중 인구 30만 명 이상인 국가의 2000년과 2012년의 자살 사망률을 비교한 결과, 한국의 2000년 인구 10만 명당 자살자는 13.8명이었으나 2012년에는 28.9명으로 자살 사망률이 약 2배 이상 증가했다.

한국은 10년째 OECD 국가 중 자살률 1위를 기록하고 있다. 특히 자살의 원인 중 60~80%는 우울증이다. 우울증 환자의 15~25%정도가 자살 시도를 하고, 2~3%는 실제로 자살로 생을 마감한다. 따라서 우울증을 제때 파악하고 적절히 대처해야 자살로 이어지는 것을 막을 수 있다.

단순히 우울함을 느낀다고 우울증으로 판단할 수는 없다. 하지만 지금까지 살펴본 바와 같이 우울증과 학습된 무기력 사이의 관계성이 크다면, 갈수록 무기력 상태를 겪는 사람의 수가 급증하고 있다는 뜻이기도 하다.

06

갑상선 기능이 저하되면
무기력해진다

학습된 무기력과 우울증의 원인은 추위, 계절, 기온과의 관계에서도 설명할 수도 있다. 다만 무기력 상태에 빠지는 원인은 다양하며, 결코 단순하지 않다는 점은 짚고 넘어가겠다.

갑상선 기능에 문제가 있는 사람은 추위나 기온의 영향으로 무기력해질 수 있다. 갑상선에서 분비되는 호르몬인 티록신(T4)과 트리요오드티로닌(T3)은 근육과 결합함으로써 에너지를 생성하고 신진대사를 왕성하게 한다. 그러므로 갑상선 호르몬이 뇌로 가면 뇌가 활발하게 작동하게 된다. 반면에 갑상선 기능이 저하되면 갑상선 호르몬이 잘 분비되지 않기 때문에 기력이 없어지고 몸이 나른해져 움직이기 싫어진다. 그래서 갑상선 기능이 저하하면 추위를 잘타게 되고, 몸이 잘 붓고 통통해지는 경향이 있다.

갑상선 기능을 향상시키는 효과적인 방법은 유산소 운동이다. 그중에서도 걷기 운동보다는 달리기 운동이 더 효과가 좋다. 갑상선 호르몬은 근육과 결합해서 에너지를 생성하는데, 갑상선 기능이 저하된 사람은 갑상선 호르몬 분비가 낮은 상태여서 운동을 하면 일반 사람보다 근육에 가해지는 부담이 상대적으로 크다. 그 결과, 근육이 쉽게 손상을 입는 동시에 자주 재생되는 과정이 반복되면서 근육이 잘 붙게 된다.

일단 근육이 붙으면 이전보다 움직이기가 훨씬 수월해진다. 겨울철에도 이를 악물고 운동을 꾸준히 하면 다음 해부터는 몸이 매우 편안해지고, 뇌의 기능도 훨씬 좋아질 것이다. 그러므로 갑상선 호르몬 저하로 기력을 잃은 사람은 운동을 지속적으로 하는 것이 아주 중요하다. 운동을 거듭할수록 심신이 편안해지는 것을 실감하며 무기력증에서 벗어날 수 있다.

07

심리 상담에서
무기력증을 치료하는 방법

지금부터는 심리 상담가로서의 내 관점과 내가 시행하는 심리요법에 관해 이야기하겠다. 나는 의사가 아니기 때문에 당연히 어떤 증상에 진단을 내리고 약을 처방하지 않는다. 어디까지나 눈앞에 있는 우울증 환자(이하 내담자)가 무엇을 힘들어하고 있는지에 초점을 맞추고, 내담자가 힘들어하는 상황에서 벗어나도록 하는 데 치료의 주안점을 두고 있다.

이러한 관점으로 보면 무기력 상태에 있는 사람의 병명

은 그다지 중요하지 않다. 어떤 병명을 붙이느냐 보다 어떻게 해야 무기력 상태에서 벗어날 수 있느냐가 심리 상담가로서 해결해야 하는 문제이기 때문이다.

지금까지는 무기력해지는 원인을 이해하기 쉽게 설명하기 위해 학습된 무기력과 우울증의 유사성에 초점을 맞추어 과학적·사회적 관점을 아우르며 이야기했다.

하지만 어디까지나 의욕이 없는 상태에만 주목한다면, 이러한 증상을 보이는 대표적인 질환은 우울증이나 학습된 무기력 외에도 수두룩하다. 조현병, 발달장애, 파킨슨병, 치매, 약물 의존증, 갱년기 장애, 뇌혈관 장애(뇌경색, 뇌출혈 등)의 후유증 등이 있지만 병명은 그다지 중요하지 않다.

앞에서 학습된 무기력 상태에 빠진 사람의 뇌에서는 노르아드레날린과 세로토닌 양이 감소하는 경향이 있다고 설명했다. 그러나 왜 감소하는지는 확실히 밝혀지지 않았다. 다만 치료 측면에서 생각한다면 우울증 환자의 증상을 완화하기 위해서는 일단 노르아드레날린과 세로토닌의 양을 늘려주는 것이 좋다고 할 수 있다.

질병의 메커니즘이나 원인이 아직 과학적으로 해명되지

않았더라도, 심리 상담에서는 일단 눈앞의 내담자를 괴로 움에서 탈출시키는 것이 중요하다는 인식이 존재한다.

내가 심리 상담에서 실시하는 치료법은 '단기요법Brief Therapy'이다. 단기요법은 심리 문제를 일으키는 원인을 분석하는 데 시간을 들이지 않고, 심리 문제를 최대한 빠른 시간에 해결하는 것을 최우선 목적으로 하는 요법이다.

단기요법은 미국의 정신과 의사이자 최면요법가인 밀턴 에릭슨Milton Erickson이 처음 주장한 이론이다. 무기력과 같은 심리 문제를 겪고 있는 내담자가 자신을 무기력하게 만드는 사고방식과 관점을 스스로 알아차리게 하고 그것을 변화시킴으로써 문제를 해결하도록 유도하는 데 효과적이다.

무기력 상태에 빠지면 남들과 교류하거나 대화하려는 의욕이 사라지고 혼자 조용히 방에 틀어박혀 생활하는 경우가 많다. 이러한 생활이 오래 지속되면 학생은 등교를 거부하게 되고 회사원은 무단결근을 하게 된다. 더 나아가 은 둔형 외톨이가 될 수 있다. 권태감, 침울, 불면증 때문에 주변의 모든 것이 귀찮아지고, 살아 있는 것마저 괴로워진다.

  이처럼 무기력이 단초가 되어 매우 위험한 상태에 빠질 수 있다는 점을 꼭 기억해두기 바란다. 이러한 위험성 때문에 단기요법으로 치료하는 심리 상담가는 최대한 빠른 시간에 내담자의 괴로움을 완화해줄 수 있는 방법을 늘 모색한다.

08

내가 무기력한 건
내 탓이 아니다?

내가 심리 상담에서 실시하는 심리요법인 단기요법에서 가장 중요한 개념은 외재화外在化, Externalization다. 외재화란, 내담자에게 "당신을 괴롭게 하는 원인은 당신 자신의 문제와 별개의 곳에 존재합니다."라고 말하는 방법이다.

외재화와 정반대의 개념인 직면화直面化, Confrontation는 "당신이 야무지지 못하니까 이런 문제가 발생한 겁니다."라거나 "조심하라는 말을 듣고서도 왜 그런 일을 저지른 건가요?"라는 식으로 문제의 원인이 내담자에게 존재한다고 몰아붙이는 방식이다. 알코올 의존증 환자에게 직면화 방법을 사용하던 시절도 있었다.

나는 내담자를 괴롭히는 문제가 내담자의 외부에 존재함을 보여주는 외재화를 채용했다. 이로써 실제로 내담자는 자신을 탓하지 않게 되고 무기력 상태에 빠질 가능성이 줄어든다. 상담 중에는 이러한 현상을 내담자에게 '발작을 일으킬 위험성이 줄었다'고 설명한다.

내가 집필한 다른 책들도 대부분 외재화에 관한 내용을 다룬다. 무기력 증상을 겪는 사람 중 많은 사람이 자신의 생각이나 마음가짐만 바꾼다면 단숨에 무기력 상태에서 벗어나 적극적으로 행동할 수 있게 될 거라고 생각한다. 하지만 이러한 판단이야말로 발작을 일으키는 원인이다. 문제가 자신 안에 없다는 사실을 확인하고 발작의 소용돌이에서 빠져나오는 것이 핵심이다.

예를 들어, 앞에서 갑상선 호르몬 분비와 무기력의 관계를 설명한 바 있는데, 이는 외재화의 관점에서도 효과를 발휘한다. 무기력의 원인이 갑상선 호르몬에 있다는 사실을 아는 순간부터 더 이상 자신을 탓하지 않게 되기 때문이다.

혹시 특별한 이유 없이 침울해지거나 짜증이 나거나 자신을 통제할 수 없다는 초조함을 느낀 적이 있는가? '세로토닌이나 노르아드레날린이 부족한 탓', '갱년기 장애 탓', '기온 변화 탓'이라는 식으로 기분이 변하는 원인이 자신의 외부에 존재한다는 사실을 알아둔다면, 자신의 기분 변화에 영문도 모른 채 휘둘리지 않게 되어 마음이 훨씬 편안해지고 기분 장애를 미리 예방할 수 있다.

이 책에서 무기력 증상 해결방법으로 소개하는 '버그 퇴치법'은 심리요법의 관점에서 말하면 자신과 사건을 객관적으로 바라보고 외재화하는 접근법이라고 할 수 있다.

실제 상담에서는 내담자가 자신을 무기력하게 만드는 원인으로 굳게 믿고 있는 상황이나 생각을 다른 관점에서 객관적으로 볼 수 있도록 유도하기 위해 최면요법이나 암시요법을 이용하기도 한다. 그러면 사물에 집착하는 태도가 누그러지고 세상을 다른 방식으로 살아가게 된다. 자신의 상황을 넓은 시야로 바라보고 유연하게 생각하는 힘을 기르게 된다.

의사와 심리 상담가는 무기력 상태로 괴로워하는 사람을 상대한다는 점에서 똑같지만, 이처럼 치료 방법은 서로 다르다는 점을 염두에 두기 바란다.

09

'유쾌한가, 불쾌한가'
본능에 충실하기

　머리말에서는 무기력 상태를 컴퓨터의 버그에 빗대어 이야기했다. 이처럼 기운이 없어서 아무것도 하기 싫어지는 상태를 컴퓨터에 버그가 발생해 작동하지 않는 상태라고 생각하면 이해하기 쉽다.

　컴퓨터 시스템을 작동시키는 이진코드(binary code, 컴퓨터가 직접 해석해 실행할 수 있게 만드는 프로그램이나 실행 파일의 형식)는 0과 1이라는 두 숫자로 이루어진다. 컴퓨터가 명령받은 사항을 실행하기 위해서는 그 명령을 이진법으로 변환한 코드가 필요하다. 그런데 '0, 1, 0, 1……'이라는 이진법의 연속이 어딘가에서 어그러진다면 컴퓨터가 작동할 수 없게 된다.

이처럼 컴퓨터를 작동시키는 이진코드를 인간에 빗대어 표현하면 무엇이라고 할 수 있을까? 내 상담실에서는 이것을 '유쾌/불쾌 코드'라고 부른다. '유쾌'라는 것은 마음이 편안하고 기분이 좋은 감각이고, '불쾌'라는 것은 마음이 불편하고 기분이 나쁜 감각을 가리킨다. 본능적, 직감적으로 느끼는 호불호의 감각이라고도 할 수 있다.

생물은 애초에 컴퓨터의 이진코드와 마찬가지로 호불호라는 판단의 연속으로 살아간다. 대표적인 예가 야생동물이다. 야생동물은 스스로 내키는 행동만 하고 내키지 않는 행동을 하지 않는다. 인간도 기본적으로 다른 동물과 똑같은 뇌 구조를 가졌기 때문에 '유쾌한가, 불쾌한가'를 기준으로 생활해야 정상일 것이다. 그러나 인간은 유쾌하다고 느끼지만 주변을 의식해서 참는 경우도 있고, 불쾌하다고 느끼지만 책임을 다하기 위해 억지로 하는 경우도 있다.

이처럼 본능적인 유쾌/불쾌 코드를 왜곡하는 행위를 지속하다 보면 버그가 발생하게 된다. 유쾌/불쾌 코드를 어그러뜨리는 버그가 발생하면 그 사람은 더 이상 가동할 수 없게 된다. 이것이 바로 행동하지 못하는 무기력 상태다.

이러한 방식으로 인간의 본능적인 유쾌/불쾌 코드를 어그러뜨리는 버그의 정체를 인식하면 무기력해져서 행동하지 못하는 원인에 접근할 수 있다. 물론 현시점에서 의학적으로 해명된 사항은 충분히 활용할 것이다. 예를 들어, 우울증을 발병시키는 유전자나 환경요인 혹은 조현병을 유발하는 특정 유전자 등 의학적으로 밝혀진 사항이 있다면 그 특정 인자가 작동하지 않도록 함으로써 증상을 개선할 수 있다. 그러나 의학적 접근이 심리 문제를 해결하는 절대적인 방법이 아니라는 것도 사실이다.

어떤 증상이 나타나는 배경에는 유전자뿐만 아니라 생활습관, 식습관, 호르몬의 작용 등 다양한 요인이 얽혀 있다. 그렇기 때문에 현재 의학적으로 밝혀져 있는 하나의 요소를 치료에 활용한다고 해서 환자에게 나타나는 증상이 반드시 사라진다고는 단언할 수 없다. 특정 질병을 발병시키는 유전자를 지닌 사람이 반드시 그 질병에 걸린다고 장담할 수 없는 것과 마찬가지다. 이는 의학적 견해로 무기력 증상을 설명하는 것이 절대적이라고 할 수 없는 이유다.

반면에 심리 상담으로만 무기력 증상을 개선하는 방법이 있다. 인간이 무기력해지는 원인을 버그가 발생한 것으로 설명하는 심리 상담 방식은 실제로 효과적이다. 다시 말해, 유쾌/불쾌 코드를 어그러뜨리는 요소가 무엇인지 알아내 그것을 내담자에게 알려줌으로써 어그러진 유쾌/불쾌 코드를 바로잡을 수 있다. 이처럼 유쾌/불쾌 코드를 무기력 치료의 단초로 삼는다면 아무것도 하기 싫은 우울한 상태에서 벗어나는 것이 가능해진다.

제2장부터는 심리학 관점에서 유쾌/불쾌 코드를 어그러뜨리는 버그의 정체는 어떤 것들이 있는지 하나씩 설명한다. 먼저 제2장에서는 무기력이나 무력감을 만드는 커다란 요인 중 하나인 '만능감'이란 무엇인지, 그 메커니즘에 관해 실제 상담 사례를 덧붙여가며 설명하겠다.

내 안에
무기력을 만드는
감정이 있다

내면의 유쾌/불쾌 코드를 무시하면 일상생활에서 무기력을 느끼게 된다. 이때 무기력 증상을 일으키는 버그의 정체는 '만능감'이다. 혹시나 자신이 만능감을 지니고 있는 건 아닌지 스스로 생각해보자.

만능감이란, 자기중심적인 사고방식을 바탕으로 무엇이든 제멋대로 판단하고 결정짓는 감각을 말한다. 만능감을 지닌 사람은 제1장에서 언급한 '유쾌한가, 불쾌한가'라는 인간의 본능적인 감각을 기준으로 사물을 파악하지 않는다. 유쾌/불쾌 코드를 무시한 채 자신이 이상적이라고 생각하는 옳고/그름을 기준으로 판단해 버그를 발생시키는 것이다.

유쾌한 일이지만 주변의 반감을 살 것으로 판단해서 하지 않거나, 불쾌한 일이지만 지금 그만두면 지금까지의 노력이 물거품이 된다고 생각해 꾹 참고 계속하는 것이다. 하물며 자신이 만능감을 지니고 있다는 사실을 모를 경우, 사태는 더욱 악화된다. 안타깝게도 내면의 만능감을 알아차렸을 때는 이미 무기력 상태에 빠졌을 가능성이 크다.

그렇다면 무기력을 만들어내는 버그인 만능감에는 어떤 특징이 있을까? 다음 사례를 바탕으로 알아보자.

01

강박관념에서 벗어나야
의욕이 생긴다

 생각만 하고 행동하지 못하는 A씨

"직장 상사가 찾는 물건이 저한테 있을 때 얼른 집어서 상사에게 건네주고 싶어요. 그러면 눈치 빠른 부하 직원이라는 좋은 인상을 남길 수 있을 테니까요. 하지만 저는 그렇게 행동하지 못해요. 생각하는 순간 몸이 돌처럼 굳어버려요.

거래처의 높은 분이 갖고 싶어 하는 물건을 마침 제가 가지고 있는 경우에도 그랬어요. 물건을 선물하면 분명 좋은 이미지를 남길 수 있을 텐데, 왜인지 뒷전으로 미루다가 선물할 기회를 놓쳤어요.

그 외에도 직장 선배에게 밥을 얻어먹고 나서 감사 문자를 보내면 선배와 좋은 관계를 유지할 수 있다는 걸 알면서도, 마음만 굴뚝같고 정작 문자를 보내야 할 손은 움직이지 않아요. 결국 한참 후에야 문자를 보냈어요.

이처럼 저에게 이득이 될 만한 행동을 하려고 하면 왜인지 몸이 움직이지 않아요. '이렇게 하면 상대방과 잘 지낼 수 있다'고 생각되는 이상적인 모습은 늘 머릿속에 떠오르지만……."

(45세, 남성)

A씨는 '생각만 하고 행동하지 못한다'는 고민을 품고 나에게 상담을 요청했다. A씨는 본인이 바람직하다고 판단하는 것을 행동으로 옮기지 못해서 자신을 한심한 인간이라고 자책했다. 요즘에는 회사에 출근하고 싶지 않을 만큼 초조함을 느낀다고 털어놓았다.

심리학 관점에서 말하면 A씨는 학습된 무기력에 빠진

상태다. 왜 행동으로 옮기지 못하는지 그 원인에 관해 본인은 아무런 짐작도 하지 못했다. 내가 A씨의 이야기를 듣던 도중 마음에 걸린 부분은 '분명히 좋은 이미지를 남길 수 있을 텐데' 혹은 '좋은 관계를 유지할 수 있다는 걸 알면서도'라는 식의 단정적인 표현이었다.

A씨는 자신이 어떤 일을 하면 반드시 계획대로 완벽하게 될 것이라고 판단해서 그렇게 단정적으로 믿어버리는 것이다. 그런데 A씨는 스스로 '반드시 잘 될 것'이라고 단정지었음에도 불구하고 행동하는 데 망설이는 이유가 무엇일까?

A씨의 경우, 자신이 옳다고 판단한 행동을 했을 때 생각만큼 결과가 좋지 못하면 자신의 존재가 완전히 부정당한다고 생각하기 때문이다. 바로 이러한 버그가 A씨를 움직이지 못하게 만드는 것이다. 쉽게 말해서 A씨는 실패해서 상처 입는 것을 두려워한다. 그런데 실패와 성공의 기준은 A씨 본인의 판단으로 만들어낸 것일 뿐이다. 애초에 존재하는 유쾌/불쾌 코드를 본인의 독자적인 판단으로 무시했기 때문에 버그가 발생한 것이다.

A씨는 '분명히 좋은 이미지를 남길 수 있을 것', '선배와 좋은 관계를 유지할 수 있을 것'이라고 판단했지만, 과연 반드시 그럴 것이라고 단정지을 수 있을까? 상사가 찾던 물건을 얼른 집어 건네주더라도 '눈치 빠른 부하 직원'이라는 인상을 남길 수 없을지 모른다. 상대방이 원하는 물건을 선물하더라도 상대방이 A씨에게 좋은 이미지를 가질 거라고 장담할 수도 없다.

행동으로 옮기더라도 모든 일이 기대한 대로 흘러가지는 않을 텐데, A씨는 '꼭 그렇게 될 것'이라고 판단해버리는 습관이 있다. 이러한 습관이 바로 A씨가 품고 있는 만능감이다. 만능감을 품고 있으면 '잘 될 것'이라는 예측이 빗나가는 사태를 매우 두려워하게 된다. 자신감이 강할수록 예측이 빗나갔을 때의 공포도 커지는 것이다. 그래서 A씨에게는 강한 자신감과 커다란 공포가 동시에 존재한다고 할 수 있다.

버그퇴치법 하루에 한 번씩 자신이 좋아하는 일을 한다

　인간 본래의 이진코드인 유쾌/불쾌 코드를 되돌리려면 만능감을 없애거나 약화시켜야한다. 이진코드를 옳음/그름 코드에서 유쾌/불쾌 코드로 전환하려면, 일단 자신이 정말로 하고 싶은 일이 무엇인지부터 생각해봐야 한다.

　그리고 무리 없이 할 수 있는 쉬운 일부터 실천한다. 우선 유쾌한 감정을 느끼고 불쾌한 감정을 버리는 데 집중한다. 이때 마음이 편하지 않으면 의미가 없다. 그래서 나는 A씨에게 즐거움을 느끼는 일이 무엇인지 물어보았다. 그리고 다음과 같은 대화를 나누었다.

나 ：무슨 일을 하면 즐거움을 느끼나요?

A씨 : 저는 만화책 읽는 것을 좋아해요.

나 ： 그거 좋네요. 만화책을 읽는 것은 유쾌/불쾌로 따지면 '유쾌'에 해당하겠군요.

A씨 : 네, '유쾌'예요.

나 ： 그러면 일단 하루에 한 번씩 만화책을 읽으면 좋겠네요.

하루에 한 번 내키는 순간에 자신을 위해 유쾌한 일을 하는 것이다. A씨는 설레는 마음으로 만화책을 읽어나갔다. 만화책을 읽으면서 유쾌한 감정을 느끼는 자신을 실감하기도 하고, 다음 날에 만화책을 읽는 자신의 모습을 상상하며 설레기도 하면서 꾸준히 만화책을 읽었다.

이때 계획을 꼼꼼히 세우지 않는 것이 중요하다. 자신이 '지금' 만화책을 읽고 싶은지 혹은 만화책을 읽어서 유쾌한지만 확인하면서 실천해나가는 것이다. 만화책을 읽기로 계획했다는 이유로 내키지 않는데 읽어서는 안 된다. 자신에게 유쾌한 일이라면 며칠 동안 똑같은 일을 해도 상관없다.

'이렇게 계속 만화책만 읽어도 괜찮을까?'라는 의문이나 찜찜함을 느낀다면 그것은 진정으로 유쾌한 일이 아니다. 꺼림칙함이 생기는 경우에는 만화책 외에 다른 무엇에서 유쾌함을 느낄 수 있을지를 생각해보기 바란다. A씨와의 대화가 이어졌다.

A씨 : 만화책을 구입하는 데 돈이 많이 들어 걱정되네요.

나 : 돈이 많이 들더라도 유쾌함을 느끼는 게 더 중요해요. 돈이 줄어드는 걱정보다 만화책을 읽는 유쾌함이 더 크다면, 만화책 읽기를 중단하지 마세요.

A씨 : 네, 아무래도 그래야겠어요. 만화책을 읽다 보니 왠지 조금씩 하루하루가 즐거워지는 것 같거든요.

나 : 분명히 그럴 거예요. 그렇다고 해서 매일 의무적으로 만화책을 읽어야겠다는 강박관념을 가져서는 안 돼요. 되도록 점심을 먹기 직전에 그날 만화책을 읽을지 말지를 결정하세요.

A씨 : 아침이 아니고요?

나 : 아침에는 아직 교감신경이 그다지 활발한 상태가 아니기 때문에 무언가를 결정하는 데 적합하지 않아요. 하지만 점심 식사 직전의 공복 상태일 때는 교감신경이 활발히 움직이기 시작하므로 그날의 '유쾌함'을 결정하기에 적합하지요.

유쾌함을 느끼는 대상과 불쾌함을 느끼는 대상을 잘 구별할 수 있다면 자연스럽게 자신이 좋아하는 일을 하기 위해 몸이 움직이게 된다. '적극적으로 움직여야 한다' 혹은 '반드시 해야 한다'라는 생각은 만능감에 의한 판단일 뿐이다. 그러한 판단만 자꾸 하다 보면 모든 일이 불쾌해질 뿐이다.

02

만능감이 쌓이면
불만도 쌓인다

만능감이 작동하면 자신이 어떤 일이든 해낼 수 있는 훌륭한 사람이라고 느끼게 된다. 반면에 상대방이 자신이 예상한 것과 다르게 행동하면 '저 사람은 내 생각대로 움직이지 않는군', '저 사람은 내가 생각한 것 만큼 친절하게 행동하지 않네'라는 식의 부정적인 감정에 휩싸이게 된다. 그렇게 상대방의 단점이 눈에 띄기 시작하고 불만이 늘어난다. 만능감이 쌓일수록 상대방에게 불만을 갖게 되고 분노도 커진다. 그러다 보면 스스로 정체되어 앞으로 나아가지 못하고 움직이지 못하는 상황이 발생하는 것이다.

우울한 상태에 빠진 사람은 줄곧 자신의 만능감으로 사물을 판단해왔을 가능성이 크다. 그래서 심리 상담가에게 조언을 듣더라도 "그 방법은 저에게 효과가 없을 것 같아요."라고 말하며 시도하기 전에 안 될 것이라고 판단해버린다. 그러나 본인만의 판단을 고수하다 보면 은연중에 불쾌한 일만 맞닥뜨리게 된다. 불쾌함이 불쾌함을 부르는 악순환에 빠져버리는 것이다.

불쾌함을 끊지 않으면 유쾌함을 맛볼 수 없다. 불쾌한 일을 그만두지 않는 한 유쾌한 일은 눈에 띄지 않는 법이다. 우울한 상태에 빠져 있으면 만능감 때문에 자신이 끊임없이 불쾌한 일을 하고 있다는 사실을 자각하지 못한다. 진심으로 유쾌한 경험을 하지 못하므로 결과적으로 세상을 부정적으로 바라보게 된다.

따라서 어린 시절을 만능감이 지배하는 환경에서 보낸 사람은 꿈을 품지 못하게 된다. 만능감으로 인해 자신이 신과 같은 존재라고 여기게 되고 옳고/그름의 판단 기준이 자신의 좁은 가치관으로만 형성되기 때문이다. 만능감을 지님으로써 현실의 폭이 점점 좁아지고 자신이 해낼 수 있는 범위가 작아지는 것이다.

만능감이 있으면 세상의 멋진 부분이 보이지 않게 된다. 오직 어둡고 추한 세상만 눈에 들어올 뿐이다. 또한 타인에게 버림받을지 모른다는 불안감을 강하게 느끼는 사람일수록 스스로 무언가를 해야 한다는 생각이 커서 만능감을 품게 되는 경향이 있다. 타인을 신뢰하는 마음이 약하기 때문에 자신이 직접 나서야 한다는 생각으로 만능감을 품었다가 오히려 행동하지 못하는 사태에 빠지게 된다.

03

자신감이 강하면
불안감도 커진다

A씨에게는 '반드시 ~할 것'이라는 강한 자신감과 '실패하면 어쩌지?'라는 강한 공포가 동시에 존재했다. 두 감정은 모순처럼 보이지만, 이는 인간의 '항상성'과 관련이 있다. 아이러니하게도 인간은 긍정적인 생각을 할수록 부정적인 생각도 하게 된다. 이러한 성질을 항상성이라고 한다.

항상성은 마음속의 좋은 이미지, 즉 어떤 일을 하면 잘될 것이라는 이미지가 강할수록 그에 대한 반작용으로 잘되지 않았을 때의 공포를 키운다.

　예를 들어, 술을 마신 후 주사가 심한 사람일수록 다음 날에 언제 그랬냐는 듯 얌전해진다. 이것도 인간의 항상성 때문이다. 한쪽으로 쏠리는 힘과 동일한 힘을 반대쪽으로도 작용시킴으로써 균형을 잡으려는 것이다.

A씨는 '반드시 잘 될 것'이라는 극단적인 생각이 강한 만큼, 결과가 좋지 않을 경우에는 반대쪽으로도 극단적인 생각을 하게 된다. 그렇기 때문에 실패할 경우 자신의 존재가 완전히 부정당한다는 생각까지 하게 되는 것이다.

A씨가 무기력해진 이유는 '반드시', '완벽하게'라는 극단적인 생각에 사로잡혀 있는 탓이다. 거듭 말하지만, A씨가 습관처럼 말하는 '반드시', '완벽하게'라는 말은 만능감과 관련이 있다.

04

옳고 그름을 판단할수록
의욕을 잃게 된다

제1장에서 언급했듯이, 인간은 본능적으로 마음이 편안한가, 불편한가를 판단하는 유쾌/불쾌 코드를 따져가며 생활한다. '유쾌/불쾌' 대신에 '옳음/그름'에 따라 행동하면 인간 본래의 코드와 달라지기 때문에 데이터가 흐트러지고 오류가 발생한다. 그 오류가 바로 버그다. 만능감이 버그를 일으켜 움직이지 못하게 되는 상태, 즉 무기력 상태를 만드는 것이다.

자기만의 옳음/그름을 기준으로 주변에서 일어나는 상

황을 판단하면 객관성을 잃게 된다. 그저 자기 입맛에 맞게 사건을 왜곡해서 받아들이게 될 뿐이다. 한가지 사례로, 심리 치료에서 내게 버그 퇴치법을 배운 내담자가 다음 상담에서 "알려주신 방법을 제 나름대로 변형해봤는데, 꾸준히 지속하기 힘들더군요."라고 말한 적이 있다. 이것도 내담자의 만능감으로 인해 버그가 발생한 사례이다.

내담자가 심리 상담가의 지시를 하나에서 열까지 모두 따라야 하는 것은 아니다. 그러나 자기만의 판단으로 심리 상담가의 지시를 변형하는 순간 '내 생각이 옳다'는 만능감이 작동해서 꾸준히 지속하기 힘든 무기력 상태에 빠지게 된다.

또한 주변에서 벌어지는 사건을 자기 나름대로 판단하는 것은 굳이 그럴 필요가 없는 일에 에너지를 낭비한다는 뜻이다. 평소에 옳음/그름이라는 척도로 사물을 판단하는 경향이 있는 사람은 불쾌한 현상이 일어났을 때 '이것은 내가 잘못했기 때문에 일어난 일이 아닐까?'라고 의식적으로 판단하려 한다. 자신의 행동 중 무언가 잘못됐기 때문에 불쾌한 현상이 발생한 건 아닐까 판단하는 것이다. 이러한 판단을 지속하다 보면 버그가 발생해 흐름이 멈춰버리고 행동을 취하지 못하게 되는 것이다.

버그를 일으키지 않기 위해서는 차례차례 벌어지는 상황을 의식적으로 판단하려 하지 말고, 일단 자신에게 유쾌한지 불쾌한지를 본능적으로 느끼고 그대로 받아들이는 것이 중요하다. 익숙해지면 모든 일을 '유쾌, 불쾌, 유쾌, 불쾌……'라고 느끼는 상태가 돼어 더 이상 의식적으로 행동하지 않게 된다. '옳은지 그른지'를 스스로 판단하지 않게 되는 것이다.

불쾌하다고 느낀 대상을 피하고, 유쾌함만 느껴도 괜찮다. 맛있는 것만 먹고, 맛없는 것은 피해도 상관없다는 뜻이다. '유쾌, 불쾌, 유쾌, 불쾌……'의 흐름을 도중에 끊어버리고 자기 탓으로 돌리거나 스스로 판단 내리는 감각이 바로 만능감이다. 마음속 버그를 제거하려면 만능감을 없애는 것이 핵심이다.

05

호르몬 분비도
습관처럼 굳어진다

만능감으로 유쾌/불쾌 코드가 흐트러지고 무기력해지는 상태는 호르몬 변화와 어떤 관계가 있을까?

'내가 직접 나서야 한다'는 만능감이 작동하는 순간에는 긴장감을 유발하는 호르몬인 노르아드레날린이 분비된다. 이러한 상태가 지속되면 노르아드레날린이 지나치게 많이 나오기 때문에 유쾌함을 느끼게 하거나 상상력을 작동시키는 도파민이 잘 분비되지 않게 된다. 그러면 긴장 상태를 완화하고자 세로토닌이 많이 분비된다.

세로토닌은 불안이나 공포를 억제하고 정신을 안정시키며 부정적인 사고를 누그러뜨리는 호르몬이다. 하지만 앞에서 설명했듯이 세로토닌이 한꺼번에 많이 분비되면 수용체가 늘어나서 세로토닌의 기능이 제대로 발휘되지 못한다. 결과적으로, 무기력해지는 메커니즘이 작동하게 된다.

이런 식으로 호르몬 변화를 겪다 보면 어느 순간부터 유쾌하고 불쾌한 감각을 느끼기 힘들어지게 된다. 즉, 판단하는 것이 습관화되어 만능감을 꾸준히 작동시키면 노르아드레날린이 많이 분비되는 상태를 반복하게 되고 호르몬 균형이 무너지게 되는 것이다.

반대로 유쾌한 감각을 중시하고 본능적으로 행동하다 보면 세로토닌의 분비가 증가하므로 무기력 상태는 해소된다.

06

일어나지 않은 상황을
앞서 걱정한다

 사례 우울한 스케줄이 잡혀 있으면 업무 진도가
안 나가는 BMI

"저는 이따가 거래처에 사과하러 가야 하는 우울한 스케줄이 잡혀 있으면 그때부터 업무에 집중하지 못해요. 회사를 그만두고 싶어도 그만두는 절차가 복잡해서 귀찮기도 하고, 부장님한테 한 소리 들을까봐 겁나서 이러지도 저러지도 못하고 있어요.

해결되지 않는 고민만 쌓이는 느낌이에요. 어떻게 하면 지금의 상태에서 벗어날 수 있을까요?"

(36세, 남성)

B씨가 행동을 머뭇거리고 주저하게 된 이유는 현재의 우울함을 아직 일어나지 않은 미래 상황에 대입해 미래에 우울할 것이라고 판단했기 때문이다. 다가올 미래를 불안해하는 감정은 B씨가 현재 품고 있는 불안함이 전염된 감정이다. B씨가 '거래처에 사과하러 가야 하는 것은 마음이 무겁다'라고 말하는 이유는 사과하러 갔는데 혹시나 사과를 받아주지 않을 수도 있기 때문이다.

사람들은 앞날이 불안하다고 말하는 사람에게 흔히 '너무 앞서서 생각하지마'라고 충고한다. 그러나 그 불안이 지나친 것인지는 그 누구도 알 수 없다. 장래에 대한 불안을 '너무 앞서 나간 생각'이라고 한마디로 결론지을 수는 없는 셈이다.

그렇다고 해서 절망적인 태도를 취할 필요는 없다. 너무 앞서 나간 생각이 아니라면, 지금 느끼고 있는 무거운 마음은 미래의 실패를 자신에게 가르쳐주는 것이라고 받아들이면 되기 때문이다. 그리고 미래에 일어날 수 있는 실패를 가능한 지금 대비해두면 실패하지 않는다는 선택지 즉, 성공하는 행동이 자동으로 떠오르게 된다. 내가 추천하는 버그 퇴치법은 실패한 미래에서 교훈을 얻음으로써 가장 좋은 선택을 하는 것이다.

이것은 과학적인 증거가 있는 것이 아니므로 다음에 소개하는 버그 퇴치법을 그대로 실행하는 데 거부감을 느끼는 사람도 있을 것이다. 하지만 자신이 게으르기 때문에 싫어하는 일을 피하는 것이 아니라, 자신에게 일어날지도 모를 안 좋은 미래를 회피하려는 것의 일환으로 외재화하는 훈련이라 여기고 실천해보기 바란다.

버그퇴치법 실패한 미래에서 교훈을 얻는다

그러면 구체적인 버그 퇴치법을 소개하겠다. 실패한 미래에서 교훈을 얻기 위해서는 '마음이 무겁다', '내키지 않는다'라는 직감을 소중히 생각해야 한다. 일단 어떤 일을 할 때 마음이 무거워지는지 그 행동을 상상해본다. 그러면 그 행동을 하지 않겠다고 결정할 수 있다.

B씨의 사례를 예로 들면, 거래처에 사과하러 가는 건 마음이 무겁기 때문에 일단 사과하러 가지 않겠다고 결정할 수 있다. 사과하러 가지 않겠다고 결정하면 그에 따라 이어지는 불안한 상황이 떠오른다. 거래처에서 화를 내며 회사로 전화해서 사과하러 오지 않았다고 항의하는 사태가 벌어질까봐 불안해진다. 그 상황 역시 마음이 무거워지는 상황이므로 그렇게 하지 않겠다고 결정하고 덮어둔다.

카드 게임을 할 때 카드를 뒤집었는데 마음에 들지 않는 카드였다면 재빨리 덮는 것처럼 머릿속의 장면을 신속하게 전환하는 것이다. 이때 너무 깊이 생각하지 말아야 한다. 한 순간에 결정하기 바란다. 그러면 또 시간이 바뀌고 미래도 달라진다.

사과하러 가지 않음으로써 일어날 수 있는 또 다른 미래 장면들이 차례차례 떠오를 것이다. 가능한 모든 미래 장면이 떠올랐다면 더 이상 아무런 장면도 떠오르지 않는 순간이 찾아온다. 그 순간 자신이 가장 성공하는 미래가 눈앞에 떠오른다. 그러면 그 미래를 향해 자동으로 몸을 움직이면 된다.

실패한 미래에서 교훈을 얻는 방법은 대략적으로 이렇게 진행한다. 미래에 불안을 느끼는 이유는 실패할 수 있기 때문이다. 그 미래의 실패를 하나하나 회피하다 보면 또 다른 상황을 상상하게 되고, 가장 최선에 가까운 답이 떠오르게 된다. 불쾌한 미래를 덮어서 없애기를 반복함으로써 가정할 수 있는 모든 실패를 학습하는 것이다.

실패한 미래를 미리 한 번 살펴보면 어떤 행동이 실패를 부르는지 배울 수 있다. 그러다가 아무런 장면도 떠오르지 않게 되면 가장 좋은 행동이 무엇인지 직감적으로 파악한 상태라고 할 수 있다. 직감적으로 최선이 무엇인지 파악할 수 있고 이후로는 자동으로 움직일 수 있게 되는 것이다.

실패를 통해 배운다면 성공하는 방법을 자동으로 이해할 수 있는 법이다. 어떤 일을 하기 싫다고 느낀다면 부정적인 미래를 일일이 떠올리고 하나하나 지워나가는 방법을 사용해보자.

거래처에 사과하러 가는 것이 마음이 무겁다고 생각하던 B씨는 이 방법을 실천한 후 결국 사과하러 가기로 마음먹게 되었다. 어쩔 수 없이 사과하러 가야 하는 것이 아니라 자발적으로 사과하러 가기로 한 것이다. 그리고 그 자리에 가서 해야 할 말도 입 밖으로 술술 나왔다. 미래에 일어날 수 있는 모든 실패 상황을 가정한 후 이를 통해 어떻게 행동하는 것이 좋은지 배웠기 때문에 같은 실패를 반복하지 않게 된 것이다.

07

아무것도 알 수 없다고
생각하면 마음이 편하다

해부학자 요로 다케시養老孟司는 저서 《유언遺言》을 포함한 몇몇 저서에 다음과 같은 취지의 글을 적은 바 있다.

"엄밀한 의미에서 인간이 이해하는 것은 없다. 숲이나 시골로 가서 몸을 움직여보라. 그러면 당신이 이해하는 것은 아무것도 없음을 더욱 절실히 깨닫게 될 것이다. 그리고 오히려 이해하는 것이 전혀 없는 편이 좋다."

곰곰히 생각해보면, 지금 무기력증에 빠져 아무것도 할 수 없다고 생각하는 사람도 자신이 정말로 움직이지 못하는 것인지는 사실 아무도 알 수 없다. 운동신경이 망가지거나 골절을 당해서 실제로 몸을 움직이기가 불가능한 것이 아닌 이상, 어쨌든 몸은 움직일 수 있기 때문이다. 행동할 수 있는지 없는지는 사실 아무도 알 수 없는 것이다. 그것은 말하자면 신만이 아는 영역이다.

한편으로 아무도 알 수 없기 때문에 '자, 이제부터 무슨 일이 일어날까?'라는 희망을 품을 수 있다. 자신이 알 수 없는 영역에 관해 '내가 나쁜 짓을 했기 때문에 이런 꼴을 당하는 것이 아닐까?'라고 의식적으로 판단해버리는 감각이야말로 만능감이다.

문제의 원인이 나에게 있다고 생각하는 것은 오히려 터무니없이 주제넘은 생각임을 자각해야 한다. 지금 자신이 괴로운 이유는 아무도 알 수 없는데, 그곳에서 의미나 이유를 찾으려는 감각(=만능감)은 인간 본래의 유쾌/불쾌 코드를 흐트러뜨리는 것이다.

예전에 비하면 도시와 시골의 격차는 좁혀졌다. 지방에 살아도 교통이나 통신 면에서 커다란 불편함을 못 느끼게 되었다. 그럴지라도 지방이나 시골은 아직 도시처럼 역에 가서 몇 분만 기다리면 전철을 탈 수 있을 정도는 아니다. 근처 식당으로 훌쩍 걸어가서 먹고 싶은 음식을 사 먹을 수 있는 도시와 달리, 시골은 식당의 수와 종류가 한정되어 있고 이동하는 데도 나름대로 시간과 경비가 소요된다.

여기서 중요한 것은, 시골에서는 자연에 둘러싸여 살기 때문에 자신의 생각대로 되지 않는 일을 비교적 많이 경험한다는 것이다. 그런 의미에서 시골이 도시보다 만능감에 지배당하지 않고 살 수 있는 환경이다.

도시에서 생활하면 자연에서 멀어지므로 모든 것을 자기 마음대로 할 수 있다는 착각에 빠지기 쉽다. 반대로 자연에 둘러싸여 생활하면 만능감은 저절로 옅어진다.

만능감, 즉 '옳고 그름'이라는 판단을 만들어내는 것은 의식의 세계다. 의식의 세계가 '옳고 그름'이라는 암시를 끊임없이 반복하며 악순환을 유발하면 결국 앞으로 나아갈

수 없고, 무엇을 하려고 해도 의욕이 없는 무기력 상태를 일으키게 된다.

이처럼 만능감을 없애기 위해서는 자신을 행동하지 못하게 하는 의식 상태에서 해방되어야 한다. 알 수 없다는 것이야말로 훌륭한 상태이며, 이러한 상태를 경험하는 것이야 말로 인간 본래의 유쾌/불쾌 코드로 되돌아가기 위해 필요하다.

08

서로를 평가하고
평가받는 시대

오늘날은 모르는 것이 있을 수 없는 시대다. 혹시나 모르는 것이 생겨도 인터넷에 검색하면 곧바로 답을 찾아낼 수 있다. 이처럼 정보가 넘쳐나는 환경에서는 세상의 모든 것을 이해할 수 있다고 착각하기 쉽다. 바로 이러한 감각이 만능감으로 이어진다. 그러므로 요즘 시대는 알게 모르게 만능감을 쉽게 품고 만능감에 곧잘 지배당하는 시대라고 할 수 있다.

또한 요즘은 서로 험담을 많이 하는 시대이기도 하다.

물론 서로를 감정적으로 비판하는 풍조는 예전부터 있었다. 차별이나 집단 괴롭힘이 극단적인 예다. 연예인에 관한 악성 댓글이 판치는 것도 어제오늘 일이 아니다. SNS를 통해 정보가 곧바로 확산되는 요즘에는 연예인뿐만 아니라 일반인이나 어린아이까지도 소문이나 구설수의 대상이 되기 일쑤다.

이러한 무차별적인 험담 역시 만능감에서 비롯되는 경우가 많다. 누구든지 주변의 비판과 평가에 마구잡이로 노출되는 시대이다 보니, 개인은 좌절감을 견디지 못해 무기력이나 우울한 상태에 쉽게 빠지는 것이다. 주변의 비판이나 평가로부터 자신을 보호하기 위해서는 스스로 만능감을 키울 수밖에 없는 측면도 있다. 이러한 점이 정보화 사회의 폐단이 아닐까 생각한다.

이어서 주변의 평가가 너무 두려워 행동하지 못하는 상태에 빠진 C씨의 사례를 소개하겠다.

"저는 회사에서 프로젝트 팀의 팀장을 맡고 있어요. 동년배의 젊은 동료 여섯 명을 이끌어나가야 하는 입장이에요. 강한 리더십을 발휘해야 한다고 생각하지만, 나중에 팀원들한테 험담을 들을까봐 두려워서 팀을 강하게 이끌어 나가기가 어려워요.

예를 들어, 동료의 의견에 허점이 많다고 마음속으로 생각하면서도 동료가 기분 나빠 할까봐 괜찮은 제안이라고 무난하게 대답하고 말아요. 결코 주변 사람에게 사랑받으려는 건 아니지만, 어쨌든 험담을 듣는 게 싫고 두려워요. 요즘은 프로젝트를 하는데 의욕도 솟지 않고 무슨 일을 하든 겁부터 나는 상태예요. 어떻게 하면 이러한 상태에서 벗어나 팀장으로서 자신감을 가질 수 있을까요?"

(35세, 남성)

상대방의 평가나 험담을 지나치게 신경 쓰는 바람에 상대방과의 거리를 어디까지 좁혀야 할지 모르겠다며 나에게 상담을 받으러 오는 사람이 늘고 있다. C씨의 경우도 무기력을 유발하는 버그는 남에게 험담을 듣는 공포에서 생긴 것이다.

앞에서 언급했듯이, 요즘은 SNS에 의해 누군가의 험담이 대량으로 쏟아지고 눈 깜짝할 사이에 전 세계로 확산되는 시대다. SNS를 일상생활에서 배제하기 힘든 요즘에는 굳이 보려고 하지 않아도 누군가의 험담을 자연스럽게 접하게 된다. SNS의 발달 이전과 이후를 비교했을 때 누군가의 험담을 접하는 환경은 180도 달라졌다고 할 수 있다.

이러한 환경에서 험담을 듣는 입장이 되면 굉장한 두려움을 느낄 수밖에 없다. 자신이 알아차리지 못하는 어딘가에서 누군가가 자신에 대한 험담을 늘어놓고 있지 않을까라는 생각에 안절부절못하게 되는 것이다. 남들에게 부정당하고서도 낙담하지 않는 사람은 없을 것이다.

SNS를 애초에 접하지 않으면 공포도 생겨나지 않겠지만, 중요한 정보를 얻거나 동료들과 교류하기 위해서는 SNS를 안 할 수는 없다. 그러므로 현대 사회에서는 남들의 험담을 심하게 두려워하는 것이 결코 C씨만의 문제가 아니다. 남들과 일정한 거리를 두려고 하는 현대 사회의 폐단은 어찌 보면 불가피한 측면도 있다.

버그퇴치법 일부러 속된 말을 내뱉는다

이처럼 요즘에는 누구나 남들의 평가에 신경 쓸 수밖에 없다. 일단 이 점을 생각하고서 인간 본래의 유쾌/불쾌 코드로 돌아가보자.

남들이 자신을 험담할까봐 두려워하는 감정으로 버그가 발생한 사람들은 소위 우등생 스타일이라고 불리는 경우가 많다. '착한 아이가 되어야 한다', '올바르고 성실해야 한다', '겸허한 사람이 되어야 한다'라는 강박관념이 남들보다 더욱 강한 사람들이다. 그런데 '~해야 한다'라는 생각은 그 사람 나름대로 내린 판단이기 때문에 만능감에서 비롯된 것이라고 할 수 있다. 이러한 만능감이 유쾌/불쾌 코드를 어그러뜨려서 C씨를 무기력 상태에 빠뜨린 것이다.

덧붙여 C씨의 사례에서 핵심은 험담이 남들의 질투에서

생겨난다는 사실이다. 누군가가 상대방을 험담하는 이유는 상대방을 질투하기 때문이라고 할 수 있다. 심리학적으로 보면 남들에게 질투를 받는 것도 무기력을 일으키는 커다란 버그다.

질투에 관한 상세한 사항은 제3장에서 설명하겠지만, '질투를 당하는 사람이 그 질투에 신경을 많이 쓸수록 더욱 커다란 질투를 받게 된다'는 메커니즘이 존재한다. C씨의 경우로 말하자면, 험담에 신경을 많이 쓸수록 점점 더 많은 험담을 듣게 되고 더 쉽게 공격당하게 된다. 지금부터 험담 듣기를 피하기 위한 방법을 소개하겠다.

나 　: 무엇을 위해 일하나요?
C씨 : 회사에서 인정받기 위해서 일해요.

C씨의 대답은 이른바 모범 답안이자 이상적인 대답이라고 할 수 있다. 이렇게 지나치게 성실하고 고상한 태도를 보일수록 주변의 질투(험담)를 받기 쉬워진다. 그렇다면 무엇을 위해 일하느냐는 질문에 "돈을 벌려고요.", "고급

아파트를 사고 싶어서요.", "출세하면 여자한테 인기가 많아지니까요."라고 속된 말로 대답하면 어떨까? 핵심은 '일부러' 속된 말을 내뱉는 것이다. 속된 말은 인간 본래의 이진코드인 유쾌/불쾌 코드를 자극한다. 여기에서는 '일부러'라는 것이 중요하다.

만능감이 강한 사람은 어렸을 때부터 '올바르고 성실한 아이가 되어야 부모에게서 버림받지 않는다', '실없는 소리를 하면 부모에게 인정받지 못할 것이다'라는 식으로 모범적으로 행동해야 버림받지 않는다고 생각하며 컸을 가능성이 높다.

이러한 사람은 내가 아무리 속된 말을 하라고 해도 원래 속되지 않은 자신이 속된 말을 내뱉는 것은 스스로를 속이는 행동이라고 판단(만능감에서 비롯된 판단)을 내려 내가 제안한대로 실천하지 않을 가능성이 있다. 그래서 '일부러'라는 말을 덧붙이는 것이다. 심리 상담가가 알려준 방법이니까 이것은 일종의 전략이라고 생각하고 일부러라도 속된 말을 해야겠다는 마음가짐을 가지게 만드는 것이다.

'일부러'라는 말을 사용함으로써 속된 말을 하는 것이 자신을 속이는 행위가 아니라고 생각하게 되는 셈이다.

스스로 거짓말을 하고 있다고 느낀다면, 거짓말은 나쁜 행위라는 판단(만능감에서 비롯된 판단)이 작동해서 주변 사람들에게 인정받지 못할 것이라는 공포가 또다시 생겨난다. 하지만 '일부러' 속된 말을 내뱉는 것이라면 주변 사람들에게 인정받지 못할 것이라는 공포가 상당히 누그러진다. 속된 목표를 설정하고 실천해나가면 유쾌/불쾌 코드에 다가갈 수 있는 한편, 주변 사람들의 험담 대상(질투 대상)에서도 점점 멀어지게 된다.

09

만능감이
자신감을 떨어뜨린다

요즘에는 남들의 평가를 신경 써야만 하는 시대인 만큼 '자신감이 떨어졌다'는 고민으로 상담받으러 오는 사람이 많아졌다. C씨처럼 무기력 상태에 빠진 정도는 아닐지라도 자신을 높이 평가하지 못하는 사람들이 많다. 얼마 전에는 '자신감이 없어서 스스로가 혐오스럽다'라고 까지 말한 내담자도 있었다.

이러한 사람들이 자신감 결여로부터 벗어나는 한 가지 방법은 자신을 높이 평가해준 사람의 견해를 떠올리는 것이다. 우선 모든 주변 사람들이 자신을 낮게 평가하는 것이 아니라는 점을 스스로 인정해야 한다. 자신을 높이 평가해주는 사람도 어딘가에 분명히 있을 것이다.

만약 지금 자신을 높이 평가해주는 사람이 한 명도 없다고 느낀다면, 과거에 높이 평가해준 사람을 떠올려보기 바란다. 그 후에 자신을 높이 평가해준 사람의 관점으로 스스로에 대한 평가를 다시 해본다. 그 사람의 눈에는 자신이 꽤 괜찮은 사람으로 보였을 것이다. 이러한 생각을 자꾸 떠올리다 보면 자기평가가 부쩍 오르게 된다.

그러나 만능감이 강한 사람이라면 실제로 자신에 대한 평가가 어떻든 간에 무조건 '남들은 나를 낮게 평가한다'고 판단하고 믿어버리기도 한다. 내 상담실을 찾아온 D씨의 사례를 예로 들어보겠다.

그는 모 기업에 계약직원으로 입사했다. 함께 일하는 직원들은 모두 정규직이었기 때문에 D씨는 '나는 아직 아무한테도 높은 평가를 받지 못했다'라는 만능감에 휩싸인 판단을 했다. 그래서 그는 정직원이 될 때까지 회사에서 함부로 말하거나 실없이 웃거나 농담을 건네면 안 된다고 생각했다. '저 녀석은 계약직원인 주제에 너무 건방져'라는 험담을 듣는 게 두려워 무뚝뚝한 표정으로 일에만 몰두했다고 한다.

D씨는 그런 상태가 쭉 이어지는 것이 괴로워서 나를 찾아왔다. 나는 D씨에게 가장 먼저 "친구를 만날 때도 그렇게 무뚝뚝한 표정을 짓나요?"라고 물었다. D씨가 지금의 괴로움에서 벗어나려면 자신을 좋아해주는 친구, 다시 말해 D씨를 높이 평가해주는 사람이 D씨의 무뚝뚝한 표정을 본다면 어떻게 반응할지 상상해보는 것이 좋다.

만약 D씨가 자신을 좋아해주는 친구에게 직장에서와 마찬가지로 무뚝뚝한 표정을 짓는다면 친구는 어떤 반응을 보일까? 아마도 어두운 표정의 D씨를 함께 있어도 즐겁지 않은 사람이라고 생각하고 멀어질지도 모른다.

요컨대 D씨는 '웃음기 없이 무뚝뚝한 표정을 지어야 직장에 적응할 수 있다'는 잘못된 인식을 하고 있었던 셈이다. 자신의 인식이 잘못되었는지 스스로 확인하려면 친구나 가족처럼 자신을 좋아해주는 사람에게 그 인식을 그대로 적용해도 괜찮은지 시뮬레이션 해보는 것이 좋다. 시뮬레이션을 해본 후 친구나 가족에게 그대로 적용할 수 없겠다는 생각이 들면 자신의 판단이 잘못됐다고 깨닫게 된다.

이처럼 시뮬레이션을 통해 확인하는 것만으로도 잘못된 인식을 해소할 수 있다. 알고 보면 별것 아닌 허무한 방법일지 모르지만, 원인을 객관적으로 바라보는 방법으로 매우 추천할 만하다.

사족이지만, D씨는 상담 이후 성공적으로 정직원이 되었다고 한다.

무기력 상태까지는 아니더라도, 즉석에서 바로 자신감을 키우고 싶을 때 추천하는 방법이 있다. 지금 가지고 있는 자신감을 이미지화 하여 증폭시키는 것이다. 아무리 자신감이 없는 사람이라도 모든 인간관계와 모든 상황에서 자신감이 없지는 않다. 자신감을 가질 수 있는 상황이나 분야는 조금이나마 있기 마련이다. 미약한 자신감이나마 괜찮으니 마음속으로 이미지화한 자신감을 점차 증폭시켜보자.

일단 눈을 감고 자신이 지금 가지고 있는 자신감의 크기가 어느 정도인지 가늠해본다. 그렇게 떠올린 자그마한 자신감을 마음속에서 증폭시킨다. 그러면 자신감은 마음속에서 조금씩 팽창될 것이다. 커지는 자신감을 상상하며 기분이 어떻게 달라지는지도 확인해본다. 아마도 즐겁고 신기한 기분으로 마음속이 채워질 것이다. 자신감으로 꽉 찬 이 기분을 앞으로도 줄곧 잊지 말아야 한다.

이 방법은 암시요법의 일종이다. 무언가를 구체적으로 연상하고 이를 반복함으로써 조금씩이나마 기분에 여유가 생기는 것이다. 살아가면서 왠지 벽에 부딪힌 느낌이 들 때마다 마음속으로 여유로운 기분과 느낌을 떠올리기 바란다. 자신감이 증폭되어 부풀어 오를 때의 즐겁고 신기한 기분을 삶의 곳곳에서 떠올린다면 자신감은 내내 당신의 친구가 되어줄 것이다.

10

나도 만능감에
사로잡힌 적이 있다

만능감에 관해서는 사실 나도 떳떳하게 말할 입장은 아니다. 예전에 나도 스스로 판단을 내리지 않으면 마치 나락으로 떨어져 죽을지도 모른다는 터무니없는 공포감을 느꼈다. 그래서 늘 미리 생각하고 끊임없이 판단을 내리려고 했다. 항상 모든 것을 판단하려는 의욕이 앞서는 바람에 다른 사람과 대화할 때도 '내가 상대방보다 모든 일을 깊이 생각하고 있다'는 자부심을 느꼈고, 상대방보다 내가 뛰어나다는 우월감도 생겼다.

그와 동시에 상대방의 사소한 표정 변화를 보고 '나는 미움 받고 있구나', '나는 상대방에게 인정받지 못하는구나'라고 제멋대로 판단을 내려버리고 괴로워하기도 했다. 모든 것을 깊이 생각하고 판단하려는 나의 태도가 우월감과 열등감을 한꺼번에 가져오는 딜레마를 초래한 셈이다.

당시의 나로서는 스스로 판단하지 않는다는 것은 결코 용납할 수 없는 일이었다. '스스로 판단하지 않으면 나만의 특색이 사라진다'라고 생각했기 때문이다.

하지만 모든 것을 스스로 판단하려고 노력하면서도 그 판단이 아무에게도 받아들여지지 않을까봐 항상 두려웠다. 그뿐만 아니라 남들보다 모든 것을 깊이 고민하는데도 무엇 하나 남들보다 뛰어난 점이 없다는 최악의 현실이 나를 주눅들게 했다.

나는 분명히 매우 뛰어난 재능을 지니고 있는데 왜 실제로는 아무것도 성취할 수 없는지 의문이었다. 아무것도 성취해놓은 게 없다 보니 더욱 무언가를 성취해내기 위해 머릿속에서 생각만 거듭할 수밖에 없었다. 이러한 고민을 하면 할수록 심신이 피폐해지는 느낌이 들면서 행동하는 것이 더욱 힘들어졌다.

무언가를 성취하려는 계획이나 야망은 잔뜩 있는데도 머릿속으로 고민하다 보면 어김없이 내가 실패하는 이미지밖에 떠오르지 않았다. 실패가 두려워져서 아무것도 할 수 없는 상태가 되어버린 것이다.

현실적으로는 아무것도 성취하지 못했기 때문에 세상으로부터도 무시당한다고 생각했다. 이것 역시 행동하기 전에 판단이 앞섰기에 생겨난 부정적인 사고다.

나를 무시하는 세상 사람들의 이야기를 자꾸 듣다 보니 실제로도 내가 볼품없는 존재로 느껴졌다. 나는 이러한 부정적인 사고의 악순환에 빠져버린 것이다. 나는 자신을 '아무것도 할 수 없는 불운한 천재'로 생각하게 되었다. 나는 매우 훌륭한 능력을 갖추고 있지만, 아무도 인정해주지 않아서 그 능력을 발휘하지 못한다고 판단한 것이다. 매우 강한 만능감에서 비롯된 어리석은 판단이었다.

하지만 이후에 나는 현대 최면요법의 거장과 만나고서 지금까지의 신념과는 정반대로 '생각하지 않기(=무의식)'가 살아가는데 큰 힘이 된다는 사실을 깨닫게 되었다. 무의식이 발휘하는 힘은 크고 강하다. 무의식을 활용하는 것이야 말로 인간 본래의 이진코드인 유쾌/불쾌 코드를 소중히 여기며 만능감을 버리고 살아가는 방법임을 체험했다. 이렇게 나는 이전의 내 삶을 180도 바꿀 수 있었다.

11

만능감은
'발작'이다

나는 만능감이 일종의 '발작'이라고 생각한다. 발작은 뇌의 신호가 이상을 일으키는 것이다. 만능감을 발휘할 때도, 스스로 끊임없이 판단을 내릴 때도 뇌의 신호는 이상을 일으킨다고 할 수 있다. 그리고 발작은 한 번 일어나면 스스로 제어할 수 없다. 그래서 발작의 악순환에 말려들면 연이어 발작이 일어나고 끝내 습관이 되고 만다.

만능감이라는 발작도 한 번 일어나면 좀처럼 멈추지 못한다. 만능감을 없애려면 만능감이라는 발작을 먼저 이해해야 한다.

나는 오랫동안 알코올 의존증에 걸린 사람들의 치료를 담당해왔다. 알코올 의존증에 걸린 사람은 술을 입에 대는 순간 발작이 일어난다. 발작이 일어나면 뇌의 신호가 이상을 초래해서 술주정을 부리게 되고 기억마저 잃어버리게 된다. 알코올 의존증으로 발생한 발작은 인격까지 바꾸어버리는 무시무시한 증상이다.

술은 온순한 사람을 폭력적이고 파괴적인 인격으로 만들기도 한다. 마시는 술의 양을 제어할 수 없어서 계속 마시다가 술주정을 하고, 폭력을 휘두르는 패턴을 흔히 볼 수 있다. 술에 취해 인격이 변하는 이유는 뇌의 신호가 이상을 일으켜 해마를 자극함으로써 기억이 순식간에 달라지기 때문이다. 요컨대, 술에 취하면 지금의 기억을 잊어버리고 과거의 기억으로 돌아가서 어린아이처럼 되어버리기도 한다.

발작은 누구에게나 일어날 가능성이 있다. 그러나 발작이 일어나는 조건은 사람마다 다르다. 예를 들어, 과도한 불안이나 스트레스에 억눌려 스스로 주체하지 못하는 상황이 되었을 때 여자를 괴롭히거나 희롱하는 '치한' 행위로 발작을 일으키는 사람도 있다. 스트레스가 잔뜩 쌓인 초조한 상태에서 만원 전철을 탔는데 앞에 서 있는 여성을 보고 발작을 일으켜 무심코 치한 행위를 해버리는 것이다.

발작이 일어나면 자신도 행위를 멈출 수 없다. 발작으로 인해 순식간에 기억이 날아가고 앞일을 생각하지 못하게 되기 때문이다. 이와 마찬가지로 소아성애자, 도박 의존증, 충동구매 등 여러 가지 문제 행동들은 스스로 제어하지 못하는 발작에서 비롯된다.

위와 같은 문제 행동을 일으킨 사람이 "정말로 저는 그런 짓을 저지를 의도가 없었습니다."라고 변명하는 것은 어떤 의미에서는 거짓말이 아니다. 발작을 일으켰을 때는 자신이 무슨 짓을 하고 있는지 스스로 알아차리기가 힘들기 때문이다.

이러한 발작 가능성은 누구에게나 있지만 반드시 모두가 발작을 일으키는 것은 아니다. 발작 스위치가 켜져야만 발작이 일어나기 때문이다. 반대로 말하면 발작 스위치를 켜지 않으면 발작은 일어나지 않는다. 발작 스위치는 스트레스, 수면 부족, 건강하지 못한 생활습관 등 예컨대 커피나 술을 대량으로 마셨을 때 켜진다.

유쾌/불쾌 코드의 관점에서 발작에 관해 설명할 수도 있다. 유쾌/불쾌 코드에 따라 평소에 불쾌한 일을 하지 않고 즐거운 일만 한다면 앞에서 예로 든 발작 행위가 일어나지 않는다. 발작이라고까지는 할 수 없지만, 다리 떨기나 틱 증상 등도 스트레스나 정신적 압박을 받을 때 자주 나타난다. 이 점을 살펴본다면 발작이 일어나기 쉬운 조건이 무엇인지 쉽게 이해할 수 있을 것이다.

만약 발작이 일어났다면 일단 그것이 발작이라는 사실을 자각하고 자신을 탓하지 않는 것이 중요하다. 자신을 탓하는 것은 발작을 연발시키는 방아쇠가 되기 때문이다.

알코올 의존증 치료를 할 때도 자신을 탓하지 않는 것이 치료의 시작이다. 자신을 탓할수록 발작은 심해질 뿐이다. 그러므로 자신은 발작을 일으킨 범인이 아니며, 비난의 대상이 될 수 없고, 스스로 제어할 수 없다고 인식하는 편이 좋다.

과호흡 발작도 마찬가지다. 과호흡 발작을 일으킨 사람에게는 말을 걸면 안 된다고 한다. "괜찮아?"라고 말을 거는 순간 점점 발작 증상이 심해지고 과호흡 상태가 멈추지 않게 되기 때문이다. 그러므로 치료 현장에서는 과호흡 발작을 일으킨 사람이 쓰러져도 절대 건드리지 말라고 주의를 준다. 이를 '발작 방치'라고 한다. 그렇게 기다리다 보면 발작은 조금씩 가라앉는다.

발작을 일으킨 사람을 목격하더라도 어떠한 대처를 하려고 하지 말고, 그냥 '발작 방치(일단 건드리지 않고 지켜보는 것)'를 하는 것이 무엇보다 중요하다. 어설프게 대처했다가 발작이 점점 심해지면 큰일이 일어난다.

12

어떻게든 해야겠다는
생각이 발작을 일으킨다

앞에서 말했듯이, 만능감도 일종의 발작이다. 만약 '나는 지금 만능감이라는 발작이 일어난 상태로구나'라는 느낌이 들더라도, 그것을 스스로 어떻게든 가라앉히거나 무언가 대처해야 한다고 생각하면 안 된다. 만능감을 없애기 위해 굳이 노력할 필요가 없다는 뜻이다. '만능감이라는 발작이 일어난 상태로구나'라고 자각하는것 만으로도 충분하다. 자신의 발작에 대해서도 '발작 방치(그냥 놔두기)'는 효과가 있다.

스티븐 스필버그Steven Spielberg 감독의 영화 중에 〈레이더스 : 잃어버린 성궤를 찾아서Raiders Of The Lost Ark〉라는 명작이 있다(인디아나 존스 시리즈의 첫 번째 작품). 여기서 잃어버린 성궤란 모세의 십계명이 적힌 석판을 보관하던 '언약 상자'를 말하는데, 이는 신을 상징한다. 영화에는 발작 방치의 중요성을 가르쳐주는 장면이 있다.

신의 언약에는 이스라엘의 열두 부족 가운데 레비Live라는 한 부족만이 성궤를 만질 수 있고, 그 외의 부족이 만지면 죽는다고 쓰여 있다. 영화에서는 그 성궤가 인디아나 존스의 적인 나치스의 고고학자에게 강탈당한다. 그런데 적들에 의해 운반되던 성궤가 수레에서 떨어질 뻔한다. 적들은 "위험해!"라고 외치며 무심코 성궤를 만지고 만다. 그러자 신의 언약대로 적들은 다들 그 자리에서 죽어버린다.

그런데 성궤는 신의 힘이 깃들어 있으므로 애초에 수레에서 떨어질 리가 없다. 하지만 적들은 성궤가 떨어지려고 하자 위험하다고 멋대로 판단해서 성궤를 만져버리고만 것이다. 신의 힘이 깃든 성궤를 인간의 힘으로 바꾸려고 했기 때문에 신의 분노를 사서 적들이 죽었다는 이야기다.

여기에서 "위험해!", "떨어진다!"라는 판단이야말로 만능감을 나타낸다. 만능감이라는 발작이 나타나서 성궤가 떨어진다고 판단하더라도 결코 성궤를 만져서는 안 되었다. 만능감이라는 발작을 방치했다면 결과적으로 만능감에서 비롯된 잘못된 판단(성궤를 만져야 한다는 판단)을 멈출 수 있었을 것이다.

이와 같이 자신이 만능감에 빠졌다는 사실을 알아차린다면 '내가 무언가를 해야 한다'고 생각하지 말고, 그저 흘러가는 대로 방치하기 바란다. 그렇게 하면 자신이 모든 일들을 움직이는 것이 아니라, 모든 일들이 자신을 움직인다는 사실을 깨닫게 된다. 그리고 만능감에 가려서 보이지 않았던 세상의 아름다운 장면들이 보이기 시작할 것이다.

13

무시당한다는 생각은
분노를 폭발시킨다

앞에서 발작 스위치가 켜지지 않으면 발작은 일어나지 않는다고 말했다. 그리고 발작 스위치가 켜지는 원인으로 스트레스, 수면 부족, 건강하지 못한 생활습관 등이 있다고 했다. 이를 심리학적으로 설명하면 발작의 바탕에는 '고독감'이 있다고 할 수 있다.

스트레스의 근원을 규명하다 보면 결국 고독감에 이르게 된다. 또한 고독감에 의해 수면 부족이나 건강하지 못한 생활습관을 초래한다고도 할 수 있다. 즉, 고립되어 고독을 느끼는 것이 발작의 가장 큰 원인이다.

자동차를 운전하는 중에 새치기를 당하면 발작을 일으키는 사람이 있다. 요컨대 이 발작은 히스테리 발작, 쉽게 말하면 '분노 폭발'이다. 자신이 무시당했다는 감각이 방아쇠가 되어 발작이 일어난 것이다. 모두에게 무시당하는 듯한 고독감이 발작을 일으킨 것이다.

이는 트라우마와도 관련이 있다. 과거에 남들로부터 무시당해서 고독감을 느낀 트라우마가 있는 사람은 그와 비슷한 상황이 벌어졌을 때 쉽게 발작을 일으킨다. 집단 괴롭힘은 자기편이 한 명도 없는 사면초가의 고독을 맛보는 경험이다. 만약 새치기를 당한 운전자가 과거에 집단 괴롭힘을 경험했던 트라우마가 있다면 집단 괴롭힘의 트라우마가 없는 사람보다 새치기에 과민하게 반응하고 더 커다란 발작을 일으킬 것이다.

모두에게 무시당한 적이 있는 집단 괴롭힘의 트라우마로 인해 새치기를 당하는 순간에 과거에 겪은 고독감이 재생되어 분노가 폭발하는 형태로 발작을 일으키고 마는 것이다.

식당에서 옆 사람이 갑자기 담배를 피우기 시작하면 분노가 폭발하는 사람이 있다. 이 경우에는 식사하고 있는 자신이 완전히 무시당했다는 고독감이 발작(분노)의 원인이 된다.

이처럼 사람의 고독감은 의외의 사건에서 발생하는 면이 있다. 발작을 일으키지 않도록 하기 위해서는 자신뿐만 아니라 세상의 모든 사람들이 고독하다는 사실을 깨닫는 것이 중요하다. 다시 말해, 자신만 무시당한다고 생각하지 않는 것이다. 자신뿐만 아니라 모든 사람들이 고독하다는 세상의 법칙을 마음속 깊이 납득한다면 발작은 일어나지 않을 것이다.

어찌 보면 다른 사람을 신경 쓰지 않고 담배를 피우는 행위도 발작이라고 할 수 있다. 자신의 고독감으로 인해 주변 사람을 살피지 못하는 것이기 때문이다.

앞서 C씨의 사례에서 남을 험담을 하는 이유는 상대방을 질투하기 때문이라고 설명했다(87쪽). 결국에는 고독감 때문에 상대방을 질투하고 험담하는 것이라고도 할 수 있다. 그렇기 때문에 험담하는 사람의 고독을 이해해준다면 그 사람은 험담이라는 발작을 일으키지 않을 수 있다.

눈은 뇌에서 일어난 발작이 가장 직접적으로 드러나는 기관이다. 험담하는 사람의 눈 속에 숨어 있는 고독을 이해해준다면 그 사람은 질투 발작을 멈출 것이다.

자신의 고독을 누군가가 알아준다면 고독의 농도는 옅어지는 법이다. 결국 자신을 무기력하게 만드는 원인이 고독감이라는 사실을 모른 채 엄한 것을 탓할 때 발작이 일어난다. 자신 생각하는 무기력의 원인과 실제 원인이 다른 이러한 상황을 '버그'라고 바꿔 불러도 무관하다. 이 점을 이해한다면—발작의 원인이 '고독'이라는 점을 납득한다면—발작은 멈춘다.

14

남에게 고민을 털어놓으면
감각이 왜곡된다

만능감의 이야기로 되돌아가겠다. 만능감을 없애기 위해서는 유쾌/불쾌의 감각을 끊임없이 자유롭게 발산하는 것이 중요하다. 이때 '스스로 판단하지 않기' 외에도 주의해야 할 점이 있다. 유쾌한 감각이든 불쾌한 감각이든 그것을 다른 사람에게 이야기하지 않는 것이다. 그 이유는 타인의 유쾌/불쾌와 자신의 유쾌/불쾌는 차이가 있기 때문이다.

자신이 차곡차곡 쌓아온 유쾌/불쾌의 데이터는 오직 자신만의 것이다. 자신만의 독특한 데이터를 타인에게 털어놓으면 당연히 왜곡된다. 예를 들어, 당신이 상사에게서 매우 기분 나쁜 말을 들었다고 하자. 당신은 커다란 불쾌감을 느꼈다. 그러나 그 불쾌감도 당신만의 데이터로서 소중한 것이다. 그러나 친구에게 이야기했을 때 당신에게 불쾌한 데이터가 친구에게는 유쾌할 수도 있다. 남의 불행은 꿀맛이기 때문이다.

친구에게 이야기하는 순간에 당신의 소중한 데이터가 왜곡되는 셈이다. 그 데이터는 친구에게 유쾌한 것이기 때문에 당신의 불쾌함은 친구에게 이해 받지 못한다. 이해 받지 못한다면 당신의 불쾌함은 쭉 지속된다. 당연히 당신의 소중한 데이터는 시간이 갈수록 점점 왜곡된다.

유쾌함이든 불쾌함이든 사람에게 쓸모없는 데이터는 하나도 없다. 다만 그것을 남에게 털어놓으면 왜곡이 일어나고 쓸모없는 데이터가 되어버린다.

15

논리적인 사고를 멈출 때
변화가 일어난다

만능감은 자신도 모르는 사이에 세상을 보는 눈을 좁히고, 눈에 보이는 풍경을 추하게 만든다. 하지만 자신이 만능감을 지니고 있다는 사실을 스스로 알아차리기는 힘들기 때문에 만능감은 매우 성가신 존재다. 이러한 만능감을 없애려면 이 책에서 제시하는 버그 퇴치법을 '스스로 판단하지 말고' 곧이곧대로 실천하는 것이 중요하다.

이 책에서 제시하는 과제나 실천 방법을 일단 변형하지 말고 시도부터 해보자. 일단 실천해보고 자신이 어떻게 달라지는지 살펴보는 것이 매우 중요하다. '과연 잘 될까?'라는 의심을 품지 말고, 자신의 변화 과정을 담담히 확인한다는 마음가짐으로 관찰하는 편이 좋다.

'남에게서 제시받은 과제를 실천하면 어떻게 될까?'라는 호기심은 당연히 가져도 된다. 하지만 곧바로 판단을 내리는 것은 피하는 편이 좋다. 곧바로 무언가 판단을 내리면 만능감이 증폭하고 정신적인 기복도 심해지기 때문이다. 그리고 자신이 무언가 해야겠다는 생각이 강해져서 위험해진다.

이 책에서 제시하는 과제가 불쾌하지 않다면 변형하지 말고 일단 그대로 시도해보자. 시도하고 나서 일정 기간(최소 몇 달간)은 자신의 몸과 마음에서 나타나는 변화를 잘 살펴보자.

내가 책에서 제시하는 버그 퇴치법을 충실히 이행하고 일정기간 동안은 차근차근 지속할 필요가 있다. 차근차근 지속하는 도중에 자신이 예측하지 못한 사태가 어느 날 갑자기 일어나기도 한다. 그러한 놀라운 순간을 발견해나가는 것이 매우 중요하다. 꾸준히 지속하다 보면 의식적인 부분에서 해방되어 만능감을 버릴 수 있다.

'운을 하늘에 맡긴다'라는 말이 있는데, 유쾌/불쾌 코드로 살아가는 것은 운을 하늘에 맡기는 것과는 정반대의 사고방식이다. 유쾌/불쾌 코드는 운을 무언가에 맡기지 않아도 지금 자신의 상태가 이미 매우 훌륭한 상태임을 알아차릴 수 있는 코드다. 만능감이라는 버그가 사라지면 유쾌/불쾌 코드가 활발히 작용하기 시작해서 모든 풍경이 아름답게 보이기 시작한다.

'운이 좋았다'라거나 '운이 나빴다'라는 말에도 일종의 판단이 포함되어 있다. '운이 좋았다' 혹은 '운이 나빴다'라고 스스로 판단하고 결정하기 때문이다. 줄곧 스스로 판단하기만 하면 인간 본래의 이진코드인 유쾌/불쾌 코드가 어그러지고 왜곡될 뿐이다. '유쾌, 불쾌, 유쾌, 불쾌……'를 느끼고 그것을 자유롭게 발산함으로써 눈앞의 풍경은 아름다워진다.

판단의 개입 없이 차근차근 자신의 변화를 관찰하면 어느 날 마음속 깊숙이 아름다운 풍경이 들어오고 자신의 독특한 데이터가 쌓일 것이다. 그것은 자신만의 데이터이기 때문에 자신이 무엇을 위해 살아갈지 알 수 있게 만들어준다.

판단을 개입하지 않는 상태를 지속하다 보면 아름다운 풍경이 보이기 시작한다. 그것이야말로 버그 없는 세상이다. 버그가 없어졌을 때 그곳에는 진정한 자신의 세상이 마련된다고 할 수 있다. 그런 의미에서 원래 세상은 '나'를 위한 것, '나'를 위해 준비된 것이라고 할 수 있다.

버그 없는 세상은 자애와 희망이 넘친다. 그 세상은 만능감에 지배당하는 세상과 극단적인 반대편에 위치해 있다고 할 수 있다. 신만이 아는 세상을 이해할 수 있다고 생각하는 사람은 자신도 신이라고 착각하는 것이다. 그것이야말로 만능감의 세상이며, 추한 풍경만 눈에 들어오는 세상이다. 내가 다소 은유적인 방법으로 설명하는 이유는 독자들이 되도록 만능감을 지니지 않고, 판단을 작동시키지 않게 하기 위해서다.

'A가 ~하면, B가 ~해서, C가 이렇게 되니까, D라는 결과가 나온다'라고 논리적으로 설명하면 독자들의 논리적 사고는 단련될지도 모른다. 물론 회사나 학교 같은 곳에서는 논리적 사고와 논리적 발언이 요구된다. 하지만 논리적 사고만을 추구하다 보면 스스로 판단하는 버릇이 생기기 쉽다.

만능감이라는 버그를 제거하기 위해서는 '유쾌, 불쾌, 유쾌, 불쾌……'의 연속으로 이어지는 세상에 다가가는 것이 중요하다. 따라서 일단 논리적 사고로부터 멀어지는 것이 무엇보다 효과적이다.

은유적인 이야기는 논리로는 받아들이기 힘들고, 그저 느낌으로 받아들일 수밖에 없다. 느낌으로 받아들여야 '유쾌, 불쾌, 유쾌, 불쾌……'가 연속하는 세상에 다가가기 쉬워진다.

제 3 장

질투와
간섭을 받으면
무기력해진다

무기력 상태를 만드는 요소 중 두 번째로 소개할 것은 '타인의 질투'다. 이번 장에서 설명할 질투는 내가 남들에게 품는 질투가 아니라 남들이 나에게 품는 질투를 말한다.

대부분의 사람이 자신이 누군가를 질투한다는 사실은 쉽게 깨닫지만, 자신이 남에게 질투를 받고 있다는 사실은 좀처럼 깨닫지 못한다. 자기평가가 낮은 사람이라면 더더욱 그렇다. 하물며 그 질투가 무기력의 원인이 된다고는 생각지도 못할 것이다.

'아무런 의욕도 생기지 않는 원인이 누군가의 질투와 관련되어 있다니 그게 무슨 말인가?'라고 의문을 품는 사람이 있을 것이다. 심리 상담을 할 때도 그 점을 내담자가 이해하는 데 시간이 매우 오래 걸린다.

사람은 알게 모르게 남들로부터 질투를 받음으로써 유

쾌/불쾌 코드가 어그러진다. 결과적으로 남들의 질투 공격이 자신을 무기력하게 만든다고 할 수 있다. 질투라는 감정은 까다로운 존재다. 피하고 싶어도 피할 수 없고, 질투를 품고 있는 것 자체를 스스로 알아차리지 못하는 경우도 많다.

질투는 생각지도 못한 문제의 원인이 되거나 무기력 상태를 만들어내기도 한다. 다음의 D씨 사례를 통해 더 자세히 설명하겠다.

01

상사의 시샘을 받으면
업무 의욕이 떨어진다

 상사와의 갈등으로 업무 효율이 떨어진 D씨

"싫어하는 상사가 있어요. 발표 자료를 만들어서 상사에게 확인받아야 하는데 왠지 하기 싫어져서 진도를 나가지 못했어요. 발표 자료는 마감 직전에 어떻게든 마무리할 수 있었지만, 회사에 출근하기가 점점 겁이 나요.

출근해야 한다고 제 자신을 다그쳐서 겨우겨우 출근하는 날들이 너무나도 싫어요. 제가 점점 회사 생활에 의욕을 잃고 무기력해지는 것 같아요."

(40세, 여성)

D씨는 싫어하는 상사가 있어서 자신의 능력을 발휘하지 못하고 무기력해졌다. 요즘 들어 상사와 갈등이 생겼을 때 상사를 탓하기보다는 자신을 탓하는 경우가 많아진 D씨는 몸과 마음이 피폐해져서 내 상담실을 찾았다.

나 : 그 상사의 어디가 싫은가요?
D씨 : 비실이 같은 면이 싫어요.

'비실이'는 만화 〈도라에몽〉에 등장하는 인물인데, 강자에게는 알랑거리고 약자에게는 불쾌한 말과 행동을 서슴지 않고 하는 밉상 캐릭터다(일본판에서는 '스네오'라는 이름으로 등장한다.─역주). 편의상 D씨의 상사를 '비실이'라고 칭하겠다.

나 : 비실이처럼 심술궂은 상사라는 말이군요.

D씨 : 심술궂고 교활해요. 비실이는 부하 직원이 한 달 동안 준비한 자료를 가로채고는 자신의 공으로 내세우기도 해요. 항상 자신보다 강한 사람에게만 빌붙으니 후배 입장에서 전혀 존경할 수 없어요. 가능하면 비실이와 엮이지 않도록 노력하지만, 현재 비실이와 같이 프로젝트를 맡고 있어서 마주치지 않을 수가 없어요. 비실이가 저를 내리깎으려고 저에게 상처가 되는 말을 일부러 한다는 걸 알고 있지만, 그런 말을 들으면 3~4일 동안은 무기력한 상태가 지속돼요.

D씨 자신은 알아차리지 못했지만, D씨가 회사 생활에 의욕을 잃게된 원인은 비실이의 시샘, 즉 질투 때문이다. D씨의 사례는 매우 명백히 타인에게 질투를 받아서 생기는 버그다. 비실이의 질투는 D씨 본래의 유쾌/불쾌 코드를 흐트러뜨린다고 할 수 있다. 하지만 내가 그렇게 말했을 때 D씨의 반응은 "네?" 하는 의아함뿐이었다. D씨의 표정은 '그게 대체 무슨 뜻인가요?'라고 물어보고 있었다.

D씨는 자신이 비실이를 싫어한다는 점을 알고 있었다.

그리고 비실이만 없다면 자신의 능력을 충분히 발휘할 수 있다고도 생각했다. 다만 무기력해져서 일이 손에 잡히지 않는 것은 어디까지나 '자신의 마음이 약한 탓'이라고 생각했다. 비실이의 질투 공격이 무기력의 직접적인 원인이라는 사실은 전혀 생각하지 못했다.

D씨는 자신이 무기력해지는 이유를 본인 탓이라고 결론지었다. 여기에서는 만능감도 작용했다. 그런데 D씨뿐만 아니라 많은 사람이 흔히 이렇게 생각한다. 자신이 무기력해지는 원인이 상대방에게 질투 받고 있기 때문이라고 생각하지 않기 때문이다.

D씨는 비실이로부터 질책받는 상황을 스스로 재현함으로써 무기력 증상을 앓고 있다. '비실이로부터 질책받는 상황을 스스로 재현한다'는 것은 제1장에서 심리학자 마틴 셀리그먼의 실험을 인용해서 설명한 '학습된 무기력'을 떠올리면 이해하기 쉽다. 학습된 무기력은 아무리 노력해도 기대하는 성과를 올리지 못하는 경험이나 상황이 오랫동안 지속될 때, 무슨 일을 해도 무의미하고 쓸모 없다고 느끼게 되어 무기력해지는 것을 말한다.

마틴 셀리그먼은 개에게 전기충격을 가하는 실험(19쪽)을 통해 무기력이 학습된다는 사실을 밝혔다. 다시 말해 "넌 참 못났다."라는 언어의 전기충격을 지속적으로 받다 보면, 스스로 '못난 자신'을 재현하고자 자신을 '못났다'고 믿어버리고 실제로 '못난 사람'이 되고 만다. D씨가 방안에 들어간 개라고 가정한다면, 비실이의 질투는 방에 흐르는 전류에 해당한다. 비실이가 D씨에게 질투의 전기충격을 꾸준히 가하고 있는 셈이다.

질투라는 것은 자신보다 낮은 위치에 있다고 생각한 존재가 자신보다 뛰어난 능력을 지녔을 때 품는 감정이다. 비실이는 D씨가 자신보다 낮은 위치에 있다고 생각해왔는데, 자신보다 업무 능력이 뛰어나다는 사실을 알아차리자 질투 발작이 일어난 것이다. 그 결과 질투라는 전기충격을 D씨에게 가해버렸다. D씨에게 싫은 소리를 하거나, D씨를 무시하거나, D씨의 기획안을 채용하지 않는 것처럼 말이다.

D씨는 자신도 모르게 비실이로부터 전기충격을 받고

자신을 책망함으로써 업무를 의욕적으로 하지 못하게 된 것이다. 이렇게 자신을 탓하는 자기혐오 자체가 비실이의 질투 발작에 휘말려 들었음을 보여준다. D씨는 '비실이는 내가 싫어하는 사람'이라는 생각과 '나는 못난 사람'이라는 생각이 별개라고 여기고 고민을 거듭하다가 무기력증에 빠져버렸다. 하지만 그 둘은 별개로 일어나는 생각이 아니라 뿌리가 하나로 연결되어 있다.

D씨에게 일어나는 무기력은 심리학적으로 말하면 비실이의 질투 공격으로 발생한 '학습된 무기력'이라고 할 수 있다. 비실이의 질투가 무기력의 원인이라는 사실은 D씨에게 의외일 테지만, 비실이의 질투 공격이 D씨의 뇌 속에 버그를 발생시켜 D씨를 움직이지 못하게 만들었다는 것은 엄연한 사실이다.

'D씨가 본래의 능력을 발휘할 수 없게 된다 → 자신을 책망한다'라는 일련의 흐름 뒤에는 비실이의 질투 공격이 존재한다. 비실이의 질투가 원인이 되어 D씨의 유쾌/불쾌 코드에 왜곡이 나타나고 버그가 발생한 것이다.

자신을 혐오하게 된 D씨는 자신을 못난 사람이라고 비

하하면 점점 비실이가 바라는 대로 비실이보다 약하고 능력 없는 모습이 될 것이다. D씨의 자기 비하 습관이 실제 자신의 말과 행동에 나타나는 셈이다. 질투를 두려워하고 피하려고 하는 행위 자체가 질투를 의식하게 되고, 그것이 D씨의 유쾌/불쾌 코드를 더욱 흐트러뜨린다.

02

질투하는 상사와 질투 당하는 부하 직원

그러면 어떻게 해야 질투 발작을 진정시킬 수 있을까? 일단 남들로부터 질투 받을 가능성이 있다는 사실을 인정해야 한다. 현재 자신의 생각대로 행동하지 못하는 무기력 상태에 빠진 것은 마음이 약해서라거나 게을러서라고 생각하지 말고, 원인이 외부에 있을 가능성을 생각해야 한다.

자기평가가 낮으면 '못난 나를 질투할 리 없어'라고 판단해버릴지도 모른다. 이러한 판단에 얽매이지 말고 자신의 판단 바깥으로 나와보는 것이 중요하다.

그 다음에는 '누구에게 질투를 받고 있는가?'를 생각해 보자. 스스로를 탓하지 말고 냉정하게 주위를 둘러보면 자신을 질투하는 의외의 사람이 눈에 들어올지도 모른다.

질투의 메커니즘을 설명하자면, 질투는 자신보다 열등하다고 생각하는 존재가 자신보다 뛰어난 것을 가지고 있다고 느낄 때 일어나는 발작이다. 그러므로 비실이가 D씨에게 질투한다는 것은 비실이가 D씨를 자신보다 열등한 존재라고 보고 있다는 뜻이다. 비실이의 질투를 D씨가 두려워하고 피하려는 행위는 비실이보다 약하고 열등한 존재임을 스스로 인정한다는 의미가 된다.

이러한 상태에서는 질투하는 강자(비실이)와 질투 당하는 약자(D씨)라는 관계성이 생긴다. 이 관계성이 D씨의 유쾌/불쾌 코드를 흐트러뜨리고 뇌에 버그를 일으키기 때문에 비실이와의 관계성만 바꾼다면 버그를 제거할 수 있다. 질투하는 강자와 질투 당하는 약자라는 관계성을 무효로 만드는 것이다.

관계성을 바꾼다는 것은 구체적으로 말하면 D씨가 비실이보다 강하고 뛰어난 존재가 된다는 것을 의미한다. D

씨가 진심으로 '나는 비실이보다 강하고 뛰어난 존재다'라고 생각하면 질투하는 강자와 질투 당하는 약자라는 관계성은 바뀐다. 자신이 상대방보다 뛰어나다는 사실을 깨달음으로써 지금까지 생각했던 강자와 약자라는 관계성이 소멸하게 되는 것이다. 결과적으로 D씨가 비실이로부터 질투의 전기충격을 받는 일이 사라지고 버그도 제거된다.

극단적으로 말하면, D씨가 직장에서 누구나 인정할 만한 실적을 올려 빠르게 출세해서 비실이보다 더 높은 지위를 차지하면 '강자=비실이, 약자=D씨'라는 관계성이 역전된다. 그 시점에서 비실이는 D씨에게 더 이상 질투심이 생기지 않을 것이다.

다만 이러한 가정은 현실과 동떨어져 있다. D씨가 장래에 정말로 출세한다고 해도 비실이의 지위를 뛰어넘으려면 아무리 빨라도 몇 년은 걸릴 것이다. 그러는 동안에 지금 품고 있는 버그가 D씨의 심신에 악영향을 준다면 아무런 소용이 없다. 그러므로 내가 심리 상담에서 실시하는 것과 마찬가지로 누구나 쉽게 오늘부터 시작할 수 있는 현실적인 버그 퇴치법을 소개하겠다.

03

발작은
발작으로 제압한다

버그 퇴치법을 소개하기 전에 약간 다른 관점에서 발작을 진정시키는 것의 의미에 관해 생각해보자.

알코올 의존증 증상도 발작의 하나이며, 알코올 의존증 환자가 실제로 기억을 잃어버리는 블랙아웃에 관해서도 앞에서 설명한 바 있다. 술을 마시고 기억을 잃어버리는 자체가 발작을 일으킨다는 증거다. 예전에는 심리 상담가가 알코올 의존증 환자에게 '직면화' 방법을 사용하기도 했다(42쪽). 직면화는 문제가 환자 자신에게 있음을 직면하게 만드는 상담 치료 방법이다. 발작을 일으켰다는 기억이 없고 말도 통하지 않는 환자를 대상으로 발작을 없애기 위해 시행한 방법이라고 할 수 있다.

알코올 의존증 환자로 하여금 자신의 문제를 알아차리도록 하기 위해 "왜 술을 못 끊는 거예요!"라고 화를 내는 경우도 있었다. 이러한 과격한 방법이 윤리적으로 문제가 되어 현재는 직면화 치료를 시행하지 않는다. 하지만 예전의 치료에서는 발작을 멈추기 위해 과격한 방법까지 사용했다. 이것은 '전기충격에는 전기충격으로 응답한다'는 원리의 치료법이라고 할 수 있다. 발작을 없애기 위한 일명 '충격요법'인 것이다.

질환은 아니지만 그 외에도 아이가 과도하게 떼쓰는 상황일 때 큰 소리로 꾸짖어야 하는 것도 동일한 원리로 설명할 수 있다. 이 메커니즘은 애초에 발작을 잘 일으키는 존재인 아이에게 발작과 비슷한 강도의 충격을 되돌려줌으로써 아이의 발작을 진정시키는 것이다. 아이의 전기충격(발작)을 수습하기 위해 '화를 낸다'는 전기충격으로 대항하는 방법, 다시 말해 발작으로 발작을 제압하는 방법이다. 상대방이 1을 내면 나도 1을 내고, 상대방이 5를 내면 나도 5를 냄으로써 서로의 에너지를 상쇄시키는 방법이라고 할 수 있다.

예를 들어, 아이가 떼쓰면 엄마도 그만큼 떼쓰는 모습을 보여주는 것은 의외로 효과가 있다. 상대방에게 당한 것을 아무 말 없이 참고 받아들이지 말고 반격을 가하는 형태다.

극단적이지만, 이 방법을 D씨와 비실이의 사례에 응용할 수도 있다. 질투 발작은 약자로 간주하는 상대방을 공격하는 것이므로, 반대로 D씨가 비실이보다 강자가 되면 발작은 멈춘다고 할 수 있다.

D씨가 비실이에게 "하지 마세요!"라면서 갑자기 분노를 터뜨린다면 그 분노가 질투 공격에 대한 반격이 되어 비실이의 발작이 더 이상 일어나지 않게 될 가능성이 있다. 여기에서 발산되어야 할 분노는 논리적인 사고를 거듭한 끝에 나온 분노가 아니라 동물적인 분노에 가깝다. 이것이야말로 유쾌/불쾌 코드에 기반한 분노 발산이라고 할 수 있다.

발작은 역시 동물적인 현상이다. 그러므로 자신이 동물적으로 강하다는 사실을 보여주면서 상대방과 동물적으로

싸워야 한다. 이러한 방법은 체구가 작은 여성이 체구가 큰 남성을 대상으로도 가능하다. 큰 소리로 말하면 상대방을 충분히 위협할 수 있기 때문이다. 오히려 체구가 작은 여성이 큰 소리로 화를 낸다면 상대방은 의외의 상황에 당황하며 더 큰 위협을 느끼게 되는 것이다.

거듭 이야기하지만 이것은 극단적인 방법이다. 상대방에 대한 직접적인 공격이 성공할 확률이 어느 정도인지, 그에 수반하는 리스크(부서 이동을 당한다거나 회사에서 해고당하는 것 등)는 어느 정도인지 계산해야 하므로 장벽이 높다. 리스크를 감안했을 때, D씨의 경우 화내는 방법은 현실적이지 않다. 그러니 상대방의 질투 발작을 봉쇄하는 방법에는 이런 것도 있다는 정도로만 머릿속에 넣어두자.

버그퇴치법 1 상사의 약점을 발견한다

D씨가 비실이보다 강하고 뛰어난 존재임을 깨닫기 위해 비실이의 약점을 발견하는 것이 처음으로 소개하는 방

법이다. 비실이에게 물리적인 약점이 있다는 것 자체는 D 씨가 언제 질투 공격을 당할지 알 수 없는 약자가 아니라 마음만 먹으면 언제든지 강자가 될 수 있음을 깨닫게 해준다. D씨 자신이 그 점을 깨닫는 것이 중요하다.

나 : 비실이의 모습을 떠올려보세요. 비실이의 신체에서 약점은 어디인가요? 요괴에게도 약점은 있는 법이에요. D씨가 납득할 수 있는 비실이의 약점을 머릿속에 떠올려보세요. 어느 부분이 약점인가요?

D씨 : 음… 무릎이에요.

나 : 그렇다면 비실이의 무릎에 신경을 집중해보세요. 어떤가요? 비실이에게서 받는 위협은 커졌나요, 작아졌나요? 아니면 변함이 없나요?

D씨 : 무릎에 초점을 맞추는 만큼 비실이의 몸 전체가 보이지 않으니까 위협이나 불쾌감은 옅어지는 것 같아요.

나 : 조금 옅어졌군요. 그 외에도 약점을 찾는다면 어디일까요?

D씨 : 머리예요.

나 　: 머리의 어느 부분인가요?

D씨 : 미간이요.

나 　: 그렇다면 미간에 집중해보세요. 어떤가요?

D씨 : 한 대 때려주고 싶어요.

나 　: 그런 느낌이로군요. 다음에 비실이와 만날 때나 비실
　　　이의 모습이 떠오를 때면 미간에 집중하세요. 그러면
　　　D씨의 불쾌감은 사라질 거예요.

약점에는 여러 가지가 있겠지만 상대방의 신체적 특징
에서 찾아내는 편이 쉽다. 방금 재구성한 D씨와 나의 대화
를 '상대방의 약점 찾기'에 참고하기 바란다. 핵심은 비실이
를 상대할 때 D씨가 비실이보다 우위에 설 수 있는 약점이
어디인지 찾는 것이다.

사람은 '누군가가 싫다'고 생각하면 그 사람 앞에서 눈
을 내리깔거나 시선을 이리저리 회피하는 성향이 있다. 그
러다 보면 저절로 상대방보다 자신이 약자의 위치가 된다.
방안에 들어가 전기충격을 받는 개처럼 질투의 전기충격
을 지속적으로 받으면 자신을 비하하는 버릇이 생기고, 결

국 아무런 저항도 할 수 없게 된다. 하지만 상대방의 약점을 바라보고 있으면 자신이 우위에 설 수 있다. 머릿속에서 싫어하는 사람의 약점에 집중하고, '아, 이 부분에서는 내가 우위로구나'라고 느낄 수 있다면 그곳을 쭉 바라봄으로써 강자로 올라서는 자신을 느낄 수 있다.

상대방의 약점이라고 생각하는 부분에 집중하게 되면 자신은 상대방보다 강자가 된다. 강자가 됨으로써 결과적으로 상대방의 질투를 받지 않게 된다. 상대방에게도 약점이 있다는 사실을 깨닫는 자체는 자신이 강자임을 알게 되는 것이다. 상대방을 파괴할 수 있고, 상대방에게 치명상을 줄 수 있는 신체 약점이나 부분을 찾음으로써 자신이 정말로 우위에 설 수 있다고 자각하는 것이 '버그 퇴치법'의 핵심이다.

다만 조심해야 할 것은 이 방법이 싫어하는 사람을 격퇴하는 방법이 아니라 자신을 무기력하게 만드는 사람을 격퇴하는 방법이라는 것이다. 무기력이라는 버그를 일으키는 사람이 반드시 자신이 싫어하는 사람이라고는 할 수 없으므로, 이 방법을 싫어하는 사람을 격퇴하는 방법으로 받아들여서는 안 된다.

버그퇴치법 2 상사를 완전히 무시한다

제2장에서 이미 설명했듯이, '발작 방치'는 매우 효과적인 방법이다. 발작에 대처하려고 하면 오히려 연속 발작을 초래하기 때문에 일단 발작을 그냥 두고 보는 것이 무엇보다 중요하다.

질투 발작에 대처할 때도 마찬가지다. D씨가 자신을 '나는 못난 사람'이라고 생각할수록 비실이의 질투 발작에 휘말려 들어간다. 이러한 관계를 끊으려면 질투에 반응하지 않는 것, 즉 상대방의 질투를 무시하고 방치해야 한다. 그러면 질투의 연속 발작을 멈출 수 있다.

상대방을 그냥 내버려 두는 방법은 어른스러운 방법이라고도 할 수 있다. D씨가 어른스러워지고 비실이를 완전히 무시해버리면 비실이가 질투 발작의 전류를 흘려도 자신에게 전해지지 않기 때문에 비실이는 커다란 정신적 타격을 입게 된다. 그 타격에 의해 비실이의 질투는 가라앉는 것이다.

예를 들어, 아이를 상대로 부모가 끊임없이 화를 낸다면 부모의 분노는 점점 증폭된다. 이때 아이는 부모의 화난 모습에서 재미를 느끼고 어른이 화낼 만한 행위를 지속해서 하게 된다. 개를 교육할 때도 마찬가지다. 짖는 개에게 "짖으면 안 돼!"라고 야단칠수록 개는 더 시끄럽게 짖어대고 정도가 점점 심해진다. 이러한 경우에 개가 짖기 시작하면 다른 장소로 이동해서 개를 완전히 무시하는 교육 방법을 추천한다.

D씨가 비실이를 싫어하면서도 상대해주는 것은 부모가 아이나 개에게 진심으로 화를 내는 것, 즉 비실이에게 관심을 가져주는 것과 마찬가지다. 비실이를 상대해줌으로써 D씨와 비실이는 서로 연결되어버린다. 더 이상 상대해주지 않고 완전히 무시해버리면 '질투하고 질투 당하는' 관계에서 벗어나게 되는 것이다.

아이가 어떻게 반응하든지 어른이 무시하면 아이는 어른을 화나게 만드는 행동을 멈춘다. 이와 마찬가지로 개가 짖을 때는 무시하고 개가 짖지 않을 때는 "착하네."라고 칭찬하며 쓰다듬어주면 개는 더 이상 짖지 않게 된다. D씨가 '질투하고 질투 당하는' 관계에서 벗어나면 비실이는 투지를 잃고 발작이 사라진다.

심리 상담 이후 D씨는 '나는 어른스럽고, 비실이는 유치하다'라고 생각하게 되면서 더 이상 비실이에게 약자가 아니게 되었다. 상대방의 질투 공격으로 고민하는 사람이 이러한 방법으로 '질투하고 질투 당하는' 관계를 내려다볼 수 있다면, 그 시점에 이미 두 사람의 관계가 변화하기 시작함을 깨닫게 될 것이다.

다만 이 방법을 실천할 때 주의해야 할 점이 있다. 이 방법을 D씨에게 설명해주자 D씨는 "비실이에 관해 생각하지 않도록 노력하겠습니다."라고 대답했다. 이처럼 생각하지 않도록 노력하겠다고 말하는 사람은 D씨만이 아닐 것이다.

만약 만능감이 있으면 '자신이 어떻게든 해야 한다'는 의식이 발동해서 쓸데없는 노력을 기울이게 된다. 그러나 노력하는 것 자체가 곧 비실이를 상대해준다는 뜻이 된다는 점에 주의해야 한다. 생각하지 않으려고 노력하면 할수록 머릿속에서는 비실이를 상대해주는 것과 똑같은 상태가 되어버리기 때문이다.

요컨대 생각하지 않도록 노력함으로써 비실이를 상대해주는 상황이 되고, 더 나아가 비실이로 하여금 우쭐해지게 만들어버린다. 그러므로 '비실이 따위는 생각해주지도 않겠어'라는 기분으로 무슨 일이 있더라도 완전 무시하기를 바란다. 그러는 편이 비실이에게 커다란 타격을 줄 수 있다. 하지만 이 방법이 어려운 사람은 일단 '버그 퇴치법 1'을 시도할 것을 권한다. 실제로 D씨에게 완전 무시하는 방법을 소개했을 때 D씨는 이렇게 대답했다.

D씨 : 머릿속으로 비실이에 대한 분노가 멈추지 않게 되었고, 비실이를 비난하는 문장이 술술 떠오르기도 해요. 그 문장이 쭉 머릿속에서 맴돌아 아무 일도 손에 잡히지 않은 적도 있어요. 비실이를 완전 무시하는 건 지금의 저에게는 어려운 것 같아요.

그만큼 D씨는 비실이의 질투 발작에 휘말려 있던 것이다. 게다가 D씨가 화낼수록 그 분노는 비실이에게 그대로 전달된다. 그렇게 되면 비실이는 분노를 증폭시키고 두 사람의 관계는 한층 침체된다. 발작으로 생기는 전류는 발전기처럼 주변에 에너지를 마구 발산하기 때문이다.

버그퇴치법 3 블랙홀을 만든다

D씨처럼 노력해서 잊어버리려고 하는 사람이나 완전히 무시할 수 없는 사람에게 추천할 만한 방법이 또 하나 있다. 이것은 암시요법에 해당하는데, 자신의 내부에 블랙홀을 만드는 방법이다.

자신 안에 검은 소용돌이를 만드는 것 같은 느낌을 연상해보자. 가슴 주변에 검은 소용돌이가 있고, 그곳에 온갖 것들이 빨려 들어간다는 이미지를 떠올리는 것이다. 주의해야 할 점은 그 블랙홀이 싫거나 나쁘거나 부정적인 것만을 빨아들이는 소용돌이가 아니라는 사실이다. 존재하는 모든 현상을 빨아들이는 소용돌이를 떠올려야 한다.

예를 들어, 비실이의 폭언만을 빨아들이는 소용돌이를 떠올리면 자신도 모르게 싫어하는 것과 좋아하는 것을 의식적으로 분별해버리고 만다. 의식적인 가치 판단이 개입되는 셈이다. 그렇게 되면 싫어하는 것으로부터 도망치려는 의식이 생겨난다. 비실이의 폭언을 잊어버리자고 지나치게 의식하다가 오히려 그 의식에 사로잡히는 것이다.

그러한 의식이 생겨날수록 싫어하는 것들이 발산하는 전류에 또다시 말려들고 만다. 그러므로 좋아하는 것이든 싫어하는 것이든 혹은 어느 쪽인지 모호한 것이든 상관없이 모든 것들을 빨아들이는 블랙홀을 만드는 것이 집착에서 벗어나는 효과적인 방법이다.

블랙홀은 카오스(혼돈)다. 가치나 의도와 상관없이 그저 그곳에 있는 모든 현상을 빨아들이는 소용돌이다. 그 소용돌이가 자신의 몸 안에 있기 때문에 질투 발작에 의한 전류가 흘러들어도 그 블랙홀이 모든 것을 빨아들여 줄 것이다. 무언가 대처하려고 노력할 필요는 없다.

버그퇴치법 4 **상사를 은근히 칭찬한다**

질투하는 강자(비실이)와 질투 당하는 약자(D씨)라는 관계를 바꾸기 위해서는 비실이를 안심시키는 것도 중요하다. 비실이가 현재 자신의 업무와 생활에 만족감을 느낀다면 D씨를 질투하거나 자신이 강자임을 보여줄 필요가 없어지기 때문이다.

비실이가 마음에 여유를 지니게 되면 자연스럽게 D씨에 대한 질투는 사그라진다. 다만, D씨 자신이 직접 비실이를 칭찬하면 그 계략이 눈에 빤히 보이므로 효과가 없다. 지금껏 비실이를 존경해본 적 없는 D씨가 느닷없이 비실이를 칭찬하는 것도 부자연스럽다. 오히려 비실이의 질투 공격을 더욱 자극할지도 모른다.

따라서 남들을 통해 비실이의 마음을 흔들어야 한다. 그 구체적인 방법이 '은근히 칭찬하기'다. 남들에게 "비실이는 대단해.", "비실이는 역시 남자다워."라고 말해서 비실이의 귀에 들어가도록 꾸미는 것이다. 이 말을 들은 비실이는 만족감을 느끼고 D씨를 질투하는 마음은 사라질 것이다.

같은 관점에서 생각하면, 상사에게 보고하고, 연락하고, 상담을 요청하는 것은 매우 중요한 원칙이라고 할 수 있다. 상사에게 수시로 보고하고, 연락하고, 상담을 요청하는 것은 '당신 덕분에 제가 이토록 일을 잘해내고 있습니다'라고 어필하는 효과가 있기 때문이다. 이른바 상사를 띄워주는 행위와 비슷하다. 이를 통해 상사는 기분이 좋아지기 때문에 부하 직원을 질투하지 않게 된다.

반대로 싫어하는 상사에게는 보고하고, 연락하고, 상담을 요청하는 횟수가 점차 줄어든다. 그러면 상사는 어느새 그 부하 직원을 질투의 대상으로 삼고 만다.

04

타인의 살뜰한 조언이
내 행동을 제약한다

 업무를 우선순위대로 처리하지 못하는 E씨

"저는 지금까지 우선순위를 정해서 효율적으로 업무를 처리했어요. 그런데 최근 3주 동안은 우선순위대로 일하지 못하고 있어요. 어떤 일에 집중하다가도 우선순위가 낮은 일에 무심코 손을 대고 마는 거예요. 결과적으로 우선순위가 높은 일이 뒤로 미뤄져서 업무가 질질 늘어지게 됐어요. 이전에는 겪지 못했던 상황이라 당황스러워요.

지금 제가 최우선으로 처리해야 하는 업무는 모 회사에 납품해야 하는 신상품 견본을 제작하는 것이라고 잘 알고 있어요. 그런데 견본 제작이 순조롭게 이루어지지 않고 있어요. 먼저 해야하는 일이라는 걸 알고 있는데 제 생각대로 업무가 진행되지 않아요. 스스로도 원인을 몰라서 난처해요. 어떻게 하면 좋을까요?"

(40세, 여성)

E씨의 경우, 최우선으로 처리해야 할 업무 내용을 자신의 판단으로 정한 것이 아니므로 만능감이 원인이 된 상황은 아니다. 또한 이전에는 우선순위대로 업무를 처리하지 못해서 고민한 적이 단 한 번도 없었기 때문에 잘못된 행동 습관이 쌓여서 지금의 고민으로 이어졌다고 하기도 어렵다. 혹시나 해서 건강 상태에 관해서도 물어봤지만, 건강에 특별히 문제가 있진 않다고 대답했다.

이러한 사례에서는 오지랖 넓은 주변 사람에 의해 E씨의 행동과 생활 리듬이 흐트러졌을 가능성을 생각해볼 수 있다. 주변에 있는 상사나 선배, 거래처 직원 등 오지랖 넓은 사람들이 E씨가 본인들에게 의존해줄 것을 원하기 때문에 E씨의 우선순위가 혼란스러워져서 곤란한 상황에 빠진 것이다.

예컨대 뭐든지 해주려고만 하는 오지랖 넓은 어머니가 가까이에 있으면 아이는 스스로 아무것도 할 수 없게 되어버린다. 아이가 해야 할 일을 어머니가 모두 정해주기 때문에 아이는 자기 나름의 우선순위대로 행동하지 못하게 된다. 이러한 사례에서 난감한 부분은 어머니가 그렇듯이 주변 사람들 역시 선의로 무언가를 해주려고 한다는 점이다.

앞에서 상사의 질투 공격을 받는 D씨의 사례를 소개했는데, 그 사례에서는 질투임을 알아차리기는 힘들어도 늘 부정적인 감정을 불러일으키는 상사가 무기력의 원인이라는 점을 D씨 자신이 충분히 생각할 수 있었다. 반면, 언뜻 좋은 사람처럼 보이는 오지랖 넓은 사람에게 조종당하는 경우에는 그 사람이 가까이에 와도 경계심을 거의 품지 않기 때문에 영향을 매우 크게 받게 된다. 주변에 무서운 상사가 없는데도 무기력해지는 사람은 자신의 주변에 오지랖 넓은 사람이 없는지 주의 깊게 살펴봐야 한다.

방해받고 있다고 인식한다

　E씨처럼 업무를 우선순위대로 처리하지 못하는 버그가 발생했을 때는 누군가의 방해를 받거나 조종당하고 있을 가능성이 있다. 게다가 방해하는 상대방은 의외의 인물일 것이다. 아마도 주변에 있는 오지랖 넓은 사람인 경우가 많은데, 어쩌면 모자 관계처럼 친한 사람일지도 모른다.

　어머니는 아이가 자신에게 의존해주기를 바라기 때문에 아이의 힘을 없애려고 한다. 이에 대한 해결법은 상대방에게 업무를 방해받고 있다고 인식하는 것이다. 내가 업무에 서툴러진 이유는 상대방의 방해 때문이지, 결코 자신의 탓이 아니라고 인식한다. 이러한 사례에서도 '외재화'는 힘을 발휘한다.

　E씨 : 그 사람에게 방해받고 있다고 생각하면 그를 싫어하게 될 줄 알았는데, 그렇지 않더군요.

　나　: 아니요. 그 사람을 싫어하게 돼도 괜찮아요. 그 사람에게 방해받는다면 그 사람과 거리를 두는 편이 좋으니까요. 하지만 의식적으로 싫어할 필요는 없어요. 다만 '나는 그 사람에게 방해받고 있다'는 점을 깨달으면 되지요.

E씨 : 그러면 너무 오지랖 넓은 사람에게 의존하지 않는 편이 좋다는 말씀인가요?

꼭 그렇지만은 않다. E씨가 현재 품고 있는 문제는 우선순위대로 일을 제대로 처리하지 못한다는 것이다. 결코 남에게 의존해도 좋은가 아닌가의 문제가 아니다. 우선순위대로 업무를 해내야 마음이 편안해지기 때문에 업무를 방해하는 버그를 제거하는 것이 목적이다. 그러므로 '그 사람에게 방해받고 있다'고 인식하는 것만으로도 업무는 원활히 이루어질 것이다.

05

친한 관계일수록
부러움 섞인 질투를 느낀다

　여성 중에는 고민이 생기면 곧바로 동성 친구에게 상담을 받는 사람이 많다. 그러나 어떤 고민이든 친구에게 상담 받지 않으면 직성이 풀리지 않는 사람일수록 각별히 조심해야 한다. 상대방이 아무리 사이좋은 친구라도 사이좋은 친구이기 때문에 더더욱 집착(질투)의 전류를 보내오기 때문이다. 상담을 요청하는 사람에게는 진지한 고민일지도 모르지만, 상담에 응해주는 상대방 입장에서는 그 고민 자체나 혹은 고민할 수 있는 상황에 처한 것 자체가 질투의 대상이 되기도 한다. 흔한 예로 결혼이나 이직 상담 같은 경우가 그러하다.

제2장에서 만능감을 줄이기 위해서는 남들에게 이야기하지 말아야 한다고 설명했는데(116쪽), 이것은 질투라는 성질을 고려할 때도 들어맞는 설명이다.

예를 들어, 친구에게 고민을 털어 놓는 도중에 친구의 조언을 듣고 마음에 걸려 행동하지 못하게 되거나, 대화 중에 친구의 순간적인 표정에 상처를 입은 경험이 있을 것이다. 이러한 경우는 친구의 말이 전혀 예상하지 못했던 반응이라 당황했기 때문에 행동하지 못하거나 상처 입는 게 아니라, 친구로부터 질투의 전기충격을 받았기 때문에 무기력 상태에 빠진 것이다.

고민을 털어 놓을수록 상대방은 더욱 살뜰하게 조언해 줄 것이라고 생각하지만, 상대방의 언동에는 질투가 묻어 나오게 된다. 그러므로 상담을 받는 순간에는 마음이 후련해지지만 나중에는 오히려 행동이 제약당하게 된다. 불평을 하면 할수록 상대방의 집착(질투)을 유발하기 때문에 불평을 터뜨리는 행위는 곧 본인에게 버그로 되돌아온다.

무기력해져서 아무 일도 할 수 없었던 경험이 있는 사람일수록 서로 마음이 통한다고 생각되는 친구에게 더더욱 상담을 요청하면 안 된다. 허물없는 친구에게 고민을 털어놓으면 틀림없이 친구의 질투 공격을 받아 무기력 상태에 빠질 것이다.

친구에게 고민을 털어놓지 않으면 스트레스가 쌓인다고 느끼는 사람도 있을 것이다. 그러나 아무리 허물없이 친한 친구더라도 당신의 고민을 진심으로 받아들여주지 않는다. 당신만 혼자서 고민을 늘어놓고 있을 뿐이다. 친구는 당신의 고민을 들으며 질투의 감정만 부풀리고 있을 뿐이다. 당신은 친구에게 제물로 바쳐지는 것과 다름없다.

그러므로 하루빨리 친구에게 고민 상담 받기를 끊어야 한다. 친구에게 상담을 받지 않기 시작하면 얼마 후 불만 자체가 사라질 것이다. '흘러 넘칠 만큼 가득해서 털어놓지 않고는 못 배길 것 같다'고 생각했던 불만도 상담 받기를 그만두면 처음부터 불만이 없던 것처럼 느껴지기도 한다.

이전에 섬유근 통증으로 진단 받은 내담자를 상담한 적

이 있다. 섬유근 통증은 온몸이 심하게 아픈 질환으로, 내담자도 통증이 멈추지 않는 상태로 내 상담실을 찾아왔다. 심리 치료를 하면 보통은 약간이나마 통증이 완화되는데, 내담자는 통증이 멈추지 않고 오히려 증상이 점점 악화될 뿐이었다.

나는 이상하다고 생각해서 내담자에게 "혹시 친구에게 상담을 받고 있나요? 친구에게 불평을 털어놓고 있나요?"라고 물었다. 그러자 그는 "네, 친구 세 명에게 상담을 받고 불평을 털어놓고 있어요."라고 대답했다. 나는 내담자에게 세 명의 친구에게 상담 받기를 그만두도록 지시했다. 그러자 그의 통증은 말끔히 사라졌다.

그의 통증 역시 친구의 질투 공격에 의해 일어났다고 할 수 있다. 통증이 있다는 것 자체로 그는 약자가 되었다. 그는 약자이기 때문에 더더욱 질투 공격을 받기 쉬워진다. 질투는 동물적인 발작이므로 아무리 친구일지라도 발작은 저절로 멈추지 않는다. 친구에게 악의는 없을지언정 질투를 받지 않기 위해서라도 친구에게 상담을 요청하거나 불평을 털어놓지 않는 편이 좋다.

06

남편과 아내 사이에서도
질투심이 생긴다

제2장에서 만능감도 하나의 발작이라고 설명했다. 여러 가지 갑질도 이와 똑같은 원리로 작용하는 발작이라고 할 수 있다. 예를 들어, 상사가 부하 직원에게 싫은 소리를 하는 것은 질투 때문에 발작이 일어난 현상으로 설명할 수 있다. '어디, 여자가 말이야!', '나보다 아랫사람인 주제에 잘난 척하기는!' 식의 감정으로 인해 발작이 일어나 상대방을 추락시키려고 심술궂은 폭언을 내뱉는 것이다. 질투 때문에 발작이 일어났음을 스스로 알아차리지 못한 채 무심코

상대방에게 상처가 되는 말을 하는 것이다.

이 외에 알아차리기 힘든 발작 사례로 부부간의 질투가 있다. 아내가 남편에게 "쓰레기 좀 버려줘."라고 말했을 때 쓰레기를 버리지 않는 남편은 '수동 공격Passive-aggression' 이라는 발작을 일으키는 것이라고 할 수 있다. 수동 공격이란, 상대방에게 욕설이나 폭력을 행하면서 능동적인 공격을 가하는 것이 아니라 수동적인 자세를 취해 상대를 화나게 하는 공격을 말한다.

자신보다 아내가 우월한 위치에 있을 경우, 남편은 아내에게 질투심이 생겨 수동 공격을 하는 것이다. 이를 남편 자신은 자각하지 못하는 경우가 많다. 한가지 예로, 남편은 다른 집안일은 모두 하는데 아내에게 지시받은 일은 하지 않는다.

수동 공격의 발작을 일으키는 남편은 언뜻 보기에 매우 모범적인 남자가 많으므로 주변에서는 남편이 아내에게 질투심을 느끼고 있다고 전혀 생각하지 못한다. 그래서 아내는 남편의 수동 공격에 무방비 상태가 되어 몸과 마음이 암암리에 피폐해진다.

07

내 불행을 보고
은근히 쾌감을 느끼는 사람들

 **남성 갱년기 증상으로 진단 받은 후
무기력증이 지속되는 F씨**

"직장이나 가정에 고민이 있거나 불만이 있지는 않아요. 그런데 58세인 지금까지 경험한 적 없는 전신 권태감을 느끼고 병원에 진료를 받으러 갔어요. 이런 적은 처음이라 인터넷에서 제 증상을 열심히 조사한 후 병원에 가서 의사에게 여러 가지 상담을 받았지요. 병원에서는 몸에 특별한 이상이 없고 원인을 알 수 없다고 하더군요. 두세 달이 지나도 몸 상태가 회복되지 않아서 병원을 한 군데 더 가봤어요. 그 병원에서 남성 갱년기 장애라는 진단을 받았어요. 처방 받은 약을 먹고 곧바로 좋아지지는 않겠지만, 어쨌든 원인을 알게 됐으니 마음이 놓였지요. 나이를 생각하면 이런 병명을 받은 것은 당연하다고 납득이 됐고요.

그런데 얼마 지나지 않아 우울증이 심해지고 직장에서나 집에서나 아무런 의욕이 생기지 않았어요. 손이 허전해서 컴퓨터 게임을 시작했는데, 요즘은 게임밖에 하지 않는 일상을 보내고 있어요. 아내에게 걱정을 끼쳐 미안하게 생각하면서도 무기력 상태에서 도저히 벗어날 수가 없어요."

(61세, 남성)

F씨가 일상에 권태감과 무기력함을 느끼게 된 원인은 세 가지로 생각할 수 있다. 첫 번째는 만능감이 관여하고 있다. 어느 정도 나이가 들고 직장에서 높은 지위에 오르면 모든 것을 스스로 판단해야 하는 상황에 놓이고 주변으로부터 불평을 듣거나 비판받지 않게 된다. 이것이 F씨의 무

기력과 관련 있다.

제2장에서 설명했듯이, 만능감을 없애려면 판단하려는 악순환에서 벗어나야 한다. 그런데 F씨처럼 어느 정도 나이가 들고 높은 지위에 오른 사람은 커다란 고민이나 불만을 품지 않아서 만능감을 작동시키기 쉬운 환경에 놓인다. 자신의 판단으로 모든 일에 대처하는데도 집에서나 직장에서나 남들에게 비판받을 일이 매우 적기 때문이다. 그렇게 되면 만능감은 점점 커져만 간다.

F씨 자신은 거의 알아차리지 못하는 상태이지만, 만능감이 비대해질수록 점점 무기력해진다. 그렇게 되면 '유쾌, 불쾌, 유쾌, 불쾌……'의 연속을 통해 느낄 수 있는 아름다운 풍경을 하나도 보지 못하게 된다.

두 번째로 생각할 수 있는 원인은 질투다. F씨는 아내와 의사로부터 2중 질투 공격을 받고 있을 가능성이 크다. F씨의 말에 따르면, 아내가 F씨를 매우 걱정하던 시기가 있었다고 한다. 그런데 이 걱정이라는 말에 주의가 필요하다. 걱정은 질투를 덮기 위해 사용하는 말이기도 하기 때문이다.

걱정한다는 행위도 사실 친절함 때문이 아니라 질투에서 비롯되는 경우가 꽤 있다. 흔히 어머니가 아이에게 "난 네가 걱정돼!"라고 말하며 아이가 하고 싶어 하는 일을 못하게 막는 경우가 있다. 이때 걱정이 순수한 걱정이라면 아이는 어머니의 말에 순순히 따를 것이다. 하지만 질투심을 걱정으로 위장한 경우에는 아이가 그 점을 발견하고 어머니의 말에 따르지 않을 것이다.

놀고 있던 아이가 부모로부터 "숙제해."라는 말을 듣고도 숙제를 하지 않는 경우가 있다. 부모가 걱정을 가장해 하는 말에 사실 질투가 섞여 있다는 사실을 아이가 눈치챘음을 의미한다.

F씨의 아내는 남편을 보고 '당신은 자유롭게 살 수 있어서 좋겠네요'라는 식의 질투가 일어났다고 추측할 수 있다. 사람은 자신과 비슷한 위치이거나 우월한 위치에 있는 상대가 힘든 일을 겪을 때 쾌감을 느낀다. 이는 상대방의 불행을 보고 꼴 좋다고 느끼는 심리로 설명할 수 있다.

몸 상태가 약해진 F씨는 아무래도 약자가 되고 만다. 약자가 되면 상대적으로 강자가 된 아내로부터 질투 공격을 직접적으로 받게 된다. 그럼으로써 F씨는 한층 더 무기력해지는 것이다. 언뜻 이해하기 힘들지만 F씨에게 일어나는 버그의 원인은 아내의 질투 공격이 차지하는 비중이 매우 크다고 여겨진다.

하지만 이뿐만이 아니다. F씨의 경우에는 의사의 질투도 무기력의 원인으로 보인다. F씨는 자신에게 일어나는 증상에 관해 열심히 조사한 후에 병원 진료를 받았다고 했다. 요즘은 환자가 의사로부터 질투를 받기 쉬운 시대다. 얼마 전까지만 하더라도 의사는 의사인 사실 하나만으로 대단하고 훌륭한 존재로서 세상 사람들에게 존경을 받았다. 물론 지금도 존경의 태도로 의사를 대하는 환자가 많지만, 아무래도 인터넷에서 의학 지식을 쉽게 조사할 수 있는 시대다 보니 환자가 자신의 증상을 어림짐작하고 와서 진료를 받곤 한다.

의사가 진단하기 전에 환자에게서 "저는 갱년기가 아닐까요?"라는 말을 들으면 의사도 '이 환자는 약간 껄끄럽네'라는 느낌을 품게 된다. 껄끄럽다고 느끼는 단계에서 이미 의사의 질투가 일어나는 것이다.

꼭 F씨만의 이야기가 아니다. 최근에는 의사도 모르는 지식을 알고 있는 환자가 많다. 의사도 전혀 반박할 수 없는 병명을 환자가 정확히 제시하면 의사로서 환자에게 질투가 일어나지 않을 수 없다. '나보다 학력도 떨어지면서 쓸데없는 지식만 쌓았군'이라는 식의 질투가 생겨나도 전혀 이상하지 않다. 최근에는 꼼꼼하게 조사한 후 병원에 가는 사람이 많으므로 이러한 의사의 질투가 커져간다.

의사를 질투하게 만들면 질병은 점점 복잡해질 뿐이다. 아무리 최첨단 의료를 실시하는 대형 병원에 가서 유명한 의사에게 진료를 받더라도 의사에게 질투 발작을 유발시킨다면 아무런 소용이 없다. 좋은 뜻에서 미리 조사하는 것이겠지만, 우쭐한 표정으로 조사한 의학 지식을 의사에게 이야기하는 것은 오히려 위험하다.

버그퇴치법 1 병원에서 진료 받을 때의 마음가짐

F씨의 경우에는 아내와 의사의 질투가 자신의 무기력 증상과 관련되어 있을 가능성을 자각하는 것이 중요하다. 생각지도 못한 상대방으로부터 질투를 받는다는 것이 믿기지 않겠지만, 이 점을 알아차리는 것만으로도 커다란 의미가 있다.

무기력의 원인을 알고 나서는 지금까지 설명한 '상대방의 질투나 집착에서 벗어나는 방법' 중 자신에게 잘 맞고 가장 와닿는 방법을 실천하면 된다. 여기에서는 최근 들어 사례가 늘고 있는 의사의 질투를 피하기 위한 마음가짐에 관해 이야기하겠다.

우선 병원에 갈 때는 의사의 질투를 받지 않는 것 자체가 매우 중요하다. '이 의사는 잘 모르는 모양이군', '이 의사는 실력이 모자라군'과 같은 만능감을 작용시켜 자기 판단을 내리면 안 된다. 여기에서도 역시 자신의 '유쾌, 불쾌, 유쾌, 불쾌……'의 감각에 모든 것을 맡기는 편이 옳다. 의사가 하는 말에 유쾌함을 느끼면 "좋군요."라고 솔직히 대답하면 되고, 불쾌함을 느끼면 "불안하군요."라고 솔직히 대답하면 된다. 병원에 갈 때는 의사의 질투를 없애는 것이 중요하다.

버그퇴치법 2 라이벌 만들기와 연애

　F씨가 무기력해지는 세 번째 원인은 의사가 지적한 갱년기 장애다. 나이가 50세를 넘으면 갱년기 장애를 의심해볼 필요가 있다. 갱년기 장애는 질병은 아니지만, 호르몬 분비가 흐트러진 상태다. 남성의 경우에 갱년기 장애가 일어나는 가장 큰 이유는 테스토스테론이라는 호르몬 분비가 줄어들었기 때문이다.

　테스토스테론 분비가 줄어들면 근력 저하, 정력 감퇴, 고혈압 증상이 나타날 뿐만 아니라 피로가 쉽게 쌓이고 불안이 지속되거나 삶에 적극성이 떨어지게 된다. "다람쥐 쳇바퀴 도는 듯한 일상의 연속에서 즐거움이 전혀 느껴지지 않고 무기력해요.", "새로운 일에 도전할 용기가 나지 않고 지역 동호회에 나가고 싶은 기분도 전혀 생기지 않아요."라며 나에게 상담을 받으러 오는 50대 이상의 남성 내담자가 꽤 있다.

테스토스테론을 분비시키려면 다른 사람과 교류하는 것이 효과적이다. '저 사람에게 만큼은 뒤처지고 싶지 않다'고 느낄 만한 라이벌을 발견하면 테스토스테론이 분비되기 시작한다. 실력이 자신보다 약간 우위에 있고, 절대로 지고 싶지 않다고 느끼는 상대방을 찾아내는 것은 만능감에 지배당하지 않는 환경을 만들기 위해서도 좋다.

반면에 자신보다 확실히 실력이 열등한 상대방이라면 재미없다고 느끼고 경쟁심도 일어나지 않아서 테스토스테론도 분비되지 않는다. 혹은 실력이 자신보다 지나치게 뛰어난 상대라면 경쟁심보다 긴장감이 앞서서 의욕을 높이는 테스토스테론이 분비되지 않는다.

다른 방법으로 테스토스테론을 분비시키기 위해 가장 효과적인 것은 연애다. 사랑을 하면 테스토스테론이 분비된다. 연애는 호르몬 분비에 변화를 일으켜 자연스럽게 기력을 되찾게 해준다. 사랑하지 않으면 호르몬 분비가 점점 쇠퇴해지는 것은 자연의 섭리다. 이러한 점에서 어떻게 사랑하는 상태를 만들 것인지는 중요한 문제다.

사랑을 하고 있으면 어느 정도 젊음을 유지할 수 있고, 삶에 적극성도 생긴다. 연애할 때의 상태는 마음이 온갖 방면에서 설레는 상태라고 할 수 있다. 반대로 사랑을 하지 않고 테스토스테론이 줄어들면 일상생활에서 신선한 감각을 잃어버리고 무슨 일을 해도 재미를 느끼지 못한다.

다만, 애인이나 배우자 이외의 사람과 연애하는 것은 결과적으로 질투 같은 감정적인 문제를 일으키므로 오히려 성가신 상황이 발생할 수 있다. 그러므로 애인이나 배우자와 사랑하는 것이 매우 중요하다. F씨도 아내에게 다시 한 번 연애 감정을 품는다면 무기력에서 탈출할 수 있을 뿐만 아니라 아내의 질투도 누그러뜨릴 수 있을 것이다.

남녀 상관없이 인간은 '무언가'와 '누군가'를 위해 살아야만 적극적으로 생활할 수 있다. 한 가지 예로, 일을 그만두면 그 외의 것에도 의욕을 완전히 상실해버리는 사람이 많다. 이러한 사람에게는 회사라는 장소가 '무언가'를 실현하기 위한 하나의 커다란 요소다. 그 외에 '아이를 위해 열심히 살자', '귀여운 손자에게 좋은 모습을 보이자'라고 마음먹는 것도 적극적으로 살 수 있는 방법이다.

인간은 누군가를 위해 살아가야 삶의 보람을 느끼는 법이다. 삶의 목표로 삼을 만한 '무언가'와 '누군가'를 찾아낸다면 인간은 적극적으로 살 수 있다. 그것을 찾아내기 위한 지름길은 연애를 하는 것이다.

08

질투 때문에 껄끄러운
인간관계를 끊지 못한다

가족이나 남녀관계를 청산하고 싶어도 도저히 그러지 못한다는 사람이 있다. 예를 들어, 불륜을 저지르고 있는 여성이 상대 남성의 아내에게 들키는 바람에 남성과 관계를 끊고 싶지만 도저히 그러지 못하는 경우가 있다.

다른 예로, 동생에게 돈을 사기당한 남성이 동생과의 관계를 끊고 싶어도 도저히 끊지 못하는 경우도 있다. 이러한 경우에도 질투 발작이 관여하고 있음을 깨달아야 이후 인간관계를 원만히 수습할 수 있다.

불륜을 저지르는 여성이 남성과의 관계를 청산하고 싶어도 그러지 못하는 이유 역시 질투 발작이 커다란 원인이다. 다만 그 점을 깨닫느냐 마느냐에 따라 미래가 크게 달라진다. 불륜 여성이 관계를 청산하고 싶어도 하지 못하는 원인은 거의 100퍼센트 남성의 아내가 질투하기 때문이다. 불륜 남성이 상대 여성에게 무심코 아내의 이야기나 집안 이야기를 하면, 불륜 여성은 남성의 아내에 대해 원치 않더라도 자연스럽게 질투의 감정을 품게 된다.

이 경우 질투 공격을 받아 무기력 상태에 빠지는 사람은 남성의 아내이지만, 앞에서 말했듯이 특정인을 질투하는 감정이 버그가 되어 불륜 여성 역시 무기력 상태에 빠질 수 있다. 두 여성이 서로를 질투하는 진흙탕 싸움으로 서로의 행동을 옭아매고 만다. 관계를 끊고 싶은데 끊지 못하는 이유는 이러한 질투의 응보와 관련되어 있다.

동생에게 돈을 사기당했는데 동생과의 관계를 끊지 못하는 남성의 경우도 동일한 방법으로 설명할 수 있다. 동생으로부터 질투의 전기충격을 받음으로써 무기력 상태에 빠진 것이다. 돈을 사기당한 경우는 자신이 동생보다 돈을 더 많이 가지고 있다는 뜻이므로 동생의 입장에서는 '형이 부럽다'고 생각할 것이다. 그러한 질투 공격을 받음으로써 형은 무기력 상태에 빠지게 되고 결국 동생과의 관계를 끊지 못하는 것이다.

이러한 질투 구조를 알아두면 질투의 전기충격에 휘말리더라도 구체적인 탈출 방법을 찾아낼 수 있다.

09

상대방의 집착에서
벗어나는 방법

때로는 잘못된 연애 감정이 상대방에게 버그를 발생시키기도 한다. 알기 쉬운 예가 바로 스토커다. 스토커 행위를 당한 쪽은 유쾌/불쾌 코드가 흐트러져 뇌 속에 버그가 일어나고 심신이 피폐해진다. 스토커 행위를 하는 쪽은 상대방을 존경하는 것이 아니라 집착하고 있는 것이다. 만약 상대방을 존경한다면 상대방과의 사이에 적절한 거리를 두기 때문에 상대방을 괴롭히는 일이 없다.

그러나 존경이 아니라 어딘지 상대방을 깔보며 자신의

통제하에 두려고 하기 때문에 상대방에게 질투와 비슷한 전기충격을 가하게 된다. 애정은 애정이지만 어딘지 왜곡된 애정을 쏟는 셈이다. 그러므로 왜곡된 애정을 받는 쪽은 왠지 싫고 기분 나쁜 부정적인 감정이 생겨난다.

존경의 감정을 포함하지 않는 연애 감정은 질투와 동일하다고 할 수 있다. 이러한 구조를 얼마나 아느냐에 따라 연애의 양상은 완전히 달라진다. 지금 행복하다고 말하는 커플도 이러한 구조를 알아둠으로써 장래에 일어날지 모를 갈등을 피할 수 있을 것이다.

여기에서는 상대방의 집착을 받을 때 그 집착에서 벗어나는 방법, 혹은 상대방의 집착을 받지 않는 방법을 소개하겠다.

예수가 십자가에 못 박혔을 때 유대인들을 가리키며 "그들은 본인들이 무슨 행동을 하는지 알지 못합니다."라고 말했다. 스토커 행위는 예수를 십자가에 못 박는 행위와 같다. 스토커도 본인이 무슨 행동을 하는지 알지 못하기 때문이다. 사람은 누구나 자신이 하고 있는 행동을 알지 못하는 법이다. 이 말을 깊이 이해할 필요가 있다. 가능하면 이 말을 직접 소리 내어 말하며 곱씹어보기 바란다.

상대방이 의도적으로 당신에게 집착한다면 그 집착에 쉽게 반응하게 될 것이다. 그러나 당신이 '저사람은 자신이 집착하고 있다는 사실을 몰라'라고 생각하면, 상대방의 집착에 의도가 없다는 사실도 이해할 수 있다. 그렇다면 당신은 상대방의 집착을 받을 필요가 없는 것이다.

다시금 '사람은 자신이 하고 있는 행동을 알지 못한다'라는 문장을 곱씹어보며 상대방의 행위에 특별한 의도가 없음을 깊이 이해하자.

제 4 장

부모와
자식관계에서
무기력이 발생한다

자식의 무기력에 커다란 영향을 미치는 요소로 '어머니와의 관계'가 있다. 일단 사람과 사람의 뇌는 서로 이어져 있음을 보여주는 '거울 신경세포Mirror Neuron'의 개념을 설명한 후 어머니와의 관계로 발생하는 무기력 현상에 관해 이야기하겠다.

　긴장하고 있는 사람 가까이에 가면 '아, 이 사람은 긴장하고 있구나'라고 느낌으로 알아차릴 수 있다. 옆 사람이 긴장하면 그 사람의 긴장이 나에게도 전염되기 때문이다. 이는 긴장 신호가 상대방의 뇌에서 자신의 뇌로 전달되어 뇌가 긴장감을 흉내 내는 현상이다. 그리고 이러한 현상을 담당하는 것이 거울 신경세포다.

　1996년에 이탈리아의 한 연구 팀은 거울 신경세포에 의해 사람의 뇌는 상대방의 뇌 상태를 흉내 낸다는 사실을 발견했다. 거울 신경세포는 상대방의 뇌 속과 동일한 반응을 자신의 뇌 속에서도 일으킨다고 한다. 이러한 거울 신경세포 학설에 따르면, 자신과 전혀 관련 없는 타인의 뇌로부터도 신호가 전염된다고 한다.

우리의 일상 경험에 비춰보아도, 거울 신경세포 학설을 충분히 이해할 수 있다. 상대방이 긴장하고 있는 모습을 눈으로 관찰하는 것만으로 상대방의 긴장감을 충분히 느낄 수 있는 것처럼 말이다. 회의 중에 누군가가 초조해하고 있으면 누가 초조해하고 있는지는 모르더라도 회의실이 불편한 공기로 가득 찬다. 꼭 눈으로 관찰해야 상대방의 기분을 알아차릴 수 있는 것도 아니다. 한 공간에 같이 있기만 해도 자동으로 상대방을 모방해버리는 성질이 뇌에는 있을 것이라고 생각한다.

그러나 이는 현재의 과학으로 확실히 증명할 수 있는 영역은 아니다. 하지만 부모와의 관계나 부모의 생각이 자식에게 전염되고, 자식을 무기력하게 만든다고 설명하는 이번 장에서는 위의 사실을 염두에 두고 내용을 읽어나가는 것이 좋다.

01

어머니와의 친밀감이
만들어내는 무기력

어머니와의 친밀함 정도로 자식이 무기력 상태에 빠진다고 하면, 만능감이나 질투의 경우보다 더 의문을 품는 사람이 많을 것이다. "저는 줄곧 어머니와 사이좋게 지내니까 어머니와의 관계는 양호해요."라고 말하는 사람도 있을 것이다. 그러나 어머니와 사이가 나쁘다는 이유로 무기력해진다는 뜻이 아니다.

아이가 세상에 태어나 처음으로 친밀한 관계를 구축하는 타인은 대부분 어머니다. 그러므로 어머니와 자식이 어떤 관계를 구축하고 현재에 이르렀는지는 사회에서 그 사람이 타인과 구축하는 친밀성에도 매우 커다란 영향을 미친다. 아이와 어머니의 거리감은 어느 정도 오랜 시간에 걸쳐 구축되기에 당사자는 어머니와의 거리가 가깝든 멀든 당연하게 느낀다. 그렇기 때문에 어머니와의 친밀함 정도가 자신의 사고나 행동의 근본에 영향을 미친다는 점을 잘 알아차리지 못한다. 그러면 어머니와의 친밀성이 만들어내는 무기력에는 어떤 사례가 있는지 살펴보자.

상대방과 대등한 관계로 대우받지 못해 열등감을 느끼는 GMI

"저는 상대방과의 관계에서 경계선을 잘 긋지 못해요. 친한 사람이 생기면 그 사람과 제 경계가 애매해져버려요. 예를 들면, 상대방이 우위에 선 입장인데도 친해지면 그 사람과 저를 대등한 관계로 여기게 돼요. 그래서 '상대방은 대우받고 있는데 왜 나는 이런 취급을 당하는 걸까?'라는 식으로 생각해버리는 거예요. 상대방에게 열등감을 느끼거나, 반대로 질투를 느끼기도 해요. 이런 제 자신이 혐오스러워요. 그리고 점점 새로운 교우 관계를 맺기가 겁이 나요."

(35세, 여성)

G씨는 친한 사람과의 거리감을 어떻게 조절해야 좋을지 고민하면서 버그를 일으켰다. G씨 같은 고민을 품은 사람은 현재의 인간관계가 직접 고민에 영향을 끼친다기보다는 어렸을 때부터 지속된 어머니와의 친밀성이 영향을 주는 경우가 많다. 타인과 친할수록 타인과의 관계에서 어머니와 자신의 관계를 되풀이해버릴 가능성이 크다.

G씨의 경우, 어머니와 G씨가 대등한 관계였다고 추측할 수 있다. 원래 어머니는 아이를 보호하는 존재여야 한다. 어머니와 아이는 결코 대등한 관계가 아니다. 어머니가 위에 있고 아이가 아래에 있는 것이 좋다. 이 점을 무시하고 대등한 관계를 가지게 되면 우위에 서야 할 어머니가 질투 발작을 일으키고 어느새 어머니와 딸 사이에 '질투하고 질투 당하는' 관계가 생겨버린다.

이는 제3장에서 설명한 '질투 공격에 의한 무기력'과 깊은 관련이 있다. 흔히 '친구처럼 사이좋은 모녀'라는 표현을 쓰는데, 이처럼 어렸을 때부터 어머니와 대등한 관계를 구축했다면 다른 사람과의 거리감을 파악하기 어렵다는 고민을 품을 수 있다. 인간관계는 모두 대등할 필요가 없고, 차이가 있어도 상관없다. 하지만 G씨는 그러한 감각을 지니지 못했을 가능성이 있다.

나 : 모든 인간관계가 대등할 필요는 없어요. 아마도 G씨가 인간관계에서 열등감을 느끼는 이유는 어머니와 친구처럼 가깝게 지냈던 관계가 원인이 될 수 있어요.

G씨 : 네? 어머니와의 친밀한 관계가 지금의 고민에 영향을 미친다고요? 제 자신의 문제가 아니고요?

나 : 어머니는 아이에게 무의식적으로 질투 발작을 일으키지만, 아이를 싫어하거나 괴롭히지는 않기 때문에 서로 그 점을 알아차리지 못하는 경우가 대부분이에요.

G씨 : 그런데 듣고 보니 그럴지도 모르겠네요. 저도 아이를 낳는 게 두렵다는 생각이 있어요. 예를 들어, 제 딸이

저보다 예쁘거나 저보다 운동도 잘하고 예술적인 재능도 뛰어나다면 아이에게 질투해버릴 것 같아요. 순수하게 응원해줄 마음이 안 생기지 않을까 두려워서 아이를 낳고 싶지 않게 됐어요.

G씨가 이렇게 말하는 것은 어머니와 자신의 관계성(질투하고 질투 당하는 관계)이 자신과 자신의 딸 사이에서 되풀이될지도 모른다는 공포를 느끼고 있음을 보여준다.

02

어머니가 만들어낸
외모 콤플렉스

 사례 **외모 콤플렉스로 고민을 거듭하는 H씨**

> "저는 사촌이 열 명 있는데, 그중에서 제가 가장 못생겼어
> 요. 어렸을 때는 사촌들에게 '뚱보', '못난이'라고 놀림을 받았
> 어요. 그래서인지 지금도 외모에 콤플렉스가 있고, 여성에게
> 적극적으로 다가서지 못해요. 어떻게 하면 외모에 신경을 덜
> 쓸 수 있을까요?"
>
> (55세, 남성)

H씨는 55세가 된 현재까지 외모 콤플렉스로 괴로워했다. 현재는 날씬한 체형이지만 사촌에게 놀림 받은 어린 시절에는 꽤 뚱뚱했다고 한다. 나는 "어렸을 적에 H씨를 뚱뚱하게 만든 사람은 어머니라고 생각해요."라고 말하며 어머니의 질투 메커니즘에 관해 설명했다.

H씨는 어렸을 때 외모가 뛰어났을 것이다. 하지만 그 때문에 어머니는 H씨의 그림자에 가려 돋보이지 못하게 되었다. 그래서 질투 감정이 일어나 무의식 중에 아들을 살찌우는 행위에 이르렀다고 생각한다. H씨의 화려한 부분이 바깥으로 드러나지 않도록 뚱뚱하게 만든 것이다.

놀림을 받은 과거와 결별하면 문제가 해결될 것으로 생각했던 H씨는 현재 자신을 의기소침하게 만드는 버그의 원인이 어머니의 질투라는 사실을 알고서 놀랄 수밖에 없었다.

그러면 사촌들은 왜 H씨를 놀렸을까? 그것은 외모 외에 H씨가 지닌 능력을 질투했기 때문이었을 것이다. 외모 외의 능력에 사촌들은 두려움을 품고 질투했기 때문에 H씨를 괴롭힘으로써 그 능력을 없애려고 했다고 할 수 있다.

H씨가 무언가 뛰어난 능력을 가지고 있지 않았다면 그렇게까지 괴롭힘을 당하지 않았을 것이다.

질투는 정말로 무서운 것이다. H씨의 경우에는 어렸을 적의 가까운 인간관계가 어른이 된 후의 콤플렉스를 만들어냈다고 할 수 있다.

03

부모는 자식의
자유로움을 질투한다

질투 공격을 받는 사람에게만 버그가 발생하는 것은 아니다. 누군가를 질투하는 마음이 당사자 자신에게 버그가 되어 의욕을 잃게 되는 경우도 있다. 다만 이러한 경우에 당사자가 '나는 그 사람을 질투하고 있군'이라고 자각할 수 있다면 버그는 서서히 제거된다.

질투는 동물적 반응이기 때문에 '질투하는 것은 어쩔 수 없는 현상'이라고 생각하기 바란다. 자신을 탓해봤자 의미가 없다. 거듭 말하지만, 질투는 자신보다 못하다고 생각했던 상대방이 자신보다 뛰어난 것을 가지고 있다고 느낄 때 발생한다. 역으로 생각하면 '자신이 상대방보다 뛰어나다'고 생각할 때 질투할 필요가 없어지는 것이다. 그러므로 다시금 자신이 상대방보다 뛰어난 존재임을 자각함으로써 질투 발작에서 벗어날 수 있다. 질투한다고 스스로 느낄 수만 있다면 충분히 '상대방보다 뛰어난 존재다'라고 말할 수 있다. 즉, 질투하고 있다는 것을 자각할 수만 있다면 발작은 사그라진다.

핵심은 자신이 질투하고 있음을 깨닫는 것인데, 이는 좀처럼 깨닫기가 쉽지 않다. 놀고 있는 아이에게 부모가 "얼른 숙제부터 해."라고 재촉했는데도 아이가 미적대기만 하고 숙제를 하지 않아서 골머리를 앓는 경우가 있다. 이 경우, 깨닫기는 힘들지만 질투하고 있는 쪽은 부모다.

'나는 일하느라 눈코 뜰 새 없이 바쁜데, 왜 아이는 자유롭게 놀고 있는 거야? 불공평해'라는 형태로 부모가 아이에게 질투를 느껴 아이에게 질투의 전기충격이 가해지는 것이다. 아이가 자유롭게 놀고 있는 것에 대해 부모가 질투해버리는 셈이다. 자신보다 아랫사람인 아이가 자유를 누

리는 것을 질투하는 것이다.

아이는 부모의 전기충격을 받음으로써 무기력해지고 행동하지 못하게 된다. 그래서 더욱 공부를 하지 않게 되는 것이다. 부모가 성실할수록 이러한 현상은 자주 일어난다.

왜 긴장감이 높은 가정일수록 아이가 의욕이 없고 결과적으로 공부를 하지 않게 될까? 그것은 부모의 질투 발작이 크기 때문이라고 할 수 있다. 부모가 자유롭지 못하고 성실하면, 비교적 자유로운 존재인 아이는 부모의 질투를 받게 된다. 그래서 부모의 질투 공격을 받은 아이는 아무것도 할 수 없게 되어 버린다.

다만 이 경우에도 부모가 '아, 나는 지금 아이에게 질투하고 있구나'라고 자각할 수 있다면 상황은 달라진다. 아이에 대한 질투 감정이 부모 자신 안에 있다고 자각한다면, 아이에게 "숙제해."라고 말하기 전에 자신이 그런 말을 하려고 하는 것 자체가 질투라는 사실을 깨닫게 된다.

자신이 자유롭지 않기 때문에 아이에게 질투를 하게 되고, 그래서 아이를 꾸짖으려는 것이라고 말이다. 그 사실을 깨달으면 부모는 "숙제해."라는 말 자체를 입 밖으로 꺼내지 않게 된다. 그러면 아이는 질투의 전기충격을 받지 않기 때문에 나중에는 부모가 말하기 전에 스스로 숙제를 할지도 모른다. 역시 '깨달음'이 매우 중요하다.

04

질투의 전기충격은
말의 표현과 상관없다

부모에게서 "숙제해."라는 말을 들은 아이는 버그가 발생한다고 이야기했다. 그러면 혹시 다른 표현으로 돌려 말하면 아이는 질투의 전기충격을 받지 않을까? 엄연히 말하면, 상대방에게 질투의 전기충격이 전달되는 것은 말의 표현과 상관없다.

부모가 갖은 질투심은 말로 표현되기 전에 이미 발생한 것이다. 부모의 질투심이 앞에서 말한 거울 신경세포로 인해 아이의 뇌에 전달됐을 뿐이다. 질투라는 감정이 생겨난

시점에서 이미 전기충격이 일어난다고 할 수 있다.

　동물적으로 말하면 이는 '조건반사'라고도 할 수 있다. 부모가 질투의 전기충격을 발산하면 조건반사적으로 아이는 전기충격에 당하고 만다. 설령 아이가 방안에 홀로 있어서 아이의 눈에 부모의 모습이 들어오지 않더라도, 부모가 질투의 전기충격을 발산하면 그것이 거울 신경세포에 의해 아이의 뇌로 전달되기 때문에 아이는 무기력 상태에 빠지게 된다.

　아이가 자유로워지려고 하면 그 의도가 거울 신경세포에 의해 멀리 떨어진 부모의 뇌에 전달되어, 부모는 '은근한' 형태로 질투 공격을 아이에게 가하게 된다. 눈에 보이지 않아도, 부모는 아이가 자유로워지려고 하는 사실을 금방 눈치챈다.

05

어머니와 떨어져 지내면
변화를 실감하게 된다

　내가 어렸을 때의 일이다. 어머니는 나에게 "너는 공부에 전혀 집중하지 못하니까 앞으로 제대로 된 학교에 진학하지 못할지도 몰라."라고 말하며 걱정했다. 그리고 나는 실제로 '시험공부를 해야 한다'고 생각하면서도 단 3분도 집중할 수 없었다. 지우개를 만지작거리거나 샤프심을 넣었다 빼면서 시간을 보냈으니 공부가 눈에 들어올 리 없었다.

　학교에서도 친구들이 나에게 "왜 그렇게 공부를 못하는 거야?"라고 한심하다는 듯한 표정을 지어 보였다. '공부에 집중 못하는 아이니까 앞으로도 쭉 공부를 못할지도 몰라'라는 어머니의 걱정이 뇌를 통해 나에게 전달된 것이다. '이 아이는 공부에 집중하지 못한다', '이 아이는 공부를 못한다'라는 어머니의 생각이 결과적으로 내가 집중을 못하고 공부를 못하는 상태를 만들어냈다고 생각한다.

이렇게 말하면 공부를 못한 핑계를 어머니에게 돌리려는 것일 뿐이라고 반박하는 사람도 있을 것이다. 나 자신도 당시에는 '나는 핑계만 대는 한심한 인간이라서 발전하지 못하는 거야'라고 생각했다. 하지만 다음과 같은 사건을 경험하면서 내 생각은 달라졌다.

고등학교 시절에 영어 성적이 100점 만점 중 20점 정도밖에 되지 않았다. 그럼에도 불구하고 '미국으로 유학가서 심리 상담가가 되겠어!'라고 큰마음을 먹고 어머니에게서 멀리 떨어진 미국으로 가서 공부했다. 그때도 어머니와 자주 연락하는 동안에는 공부에 집중할 수 없다는 나의 믿음이 건재했다. 그러나 어머니와 오랫동안 연락을 취하지 않는 동안에는 어쩐 일인지 공부에 집중이 잘 되었다.

이전까지는 교재를 펼치자마자 지저분한 방이 눈에 들어와서 공부를 내팽개치고 청소부터 하기 마련이었다. 청소를 끝내고 나서는 지쳐서 공부를 못하겠다며 교재를 덮기 일쑤였다.

그랬던 내가 일정 시간 동안 교재를 집중해서 읽을 수 있게 되었다. 이전까지 집중하지 못했던 상태가 거짓말인 것처럼 갑자기 공부를 술술 지속할 수 있게 된 것이다.

하지만 방학 때 일본으로 돌아와 어머니와 가까이 지내며 이전의 집중할 수 없는 상태로 되돌아가고 말았다. 교재를 펼쳐도 전혀 읽지 못하고 또 산만해져버렸다. 그러다가 다시 미국으로 가서 공부를 시작하면 집중이 잘 되었고 공부 진도도 빠르게 나갔다. 태어나서 처음으로 성적이 쭉쭉 오르는 기쁨도 맛볼 수 있었다.

이러한 경험을 통해, 어머니가 걱정이라는 형태로 머릿속으로 생각한 것이 전기신호가 되어 나에게 전달된 것이 아닐까 하는 깨달음을 얻게 되었다.

06

걱정이라는 말의 배후에
질투가 있다

이 부분에 중요한 포인트가 있다. 앞에서 아이를 꾸짖는 어머니의 사례를 소개한 바 있다(197쪽). '나는 집안일로 눈코 뜰 새 없이 바쁜데, 왜 이 아이만 자유롭게 놀고 있는 거야? 불공평해'라는 어머니의 질투심이 숙제를 하지 않는 아이의 상태를 만들어낸 사례다.

즉, 감정이나 말에 질투가 묻어남으로써 아이의 유쾌/불쾌 코드를 어그러뜨리는 결과를 낳은 것이다. "네가 걱정돼."라고 말하는 어머니의 경우, 오히려 자신의 질투를 덮기 위해 이러한 말을 아이에게 건넨다고 할 수 있다.

거듭 말하지만, 질투는 동물적인 반응이며 발작이다. 어머니가 아이를 걱정하는 마음은 거짓이 아니다. 그러나 그와 동시에 스스로 제어할 수 없는 질투라는 감정이 솟아나는 것도 인간이 동물인 이상 멈출 수 없다.

또한 나 자신이 그랬듯이, 아이는 어머니의 질투 공격에 얽혀 들어 쓸데없이 자신을 탓하고 만다. 이때 질투 공격을 받는 쪽은 현재 무기력한 원인이 상대방의 질투에 있음을 깨닫지 못한다. 그래서 발작의 악순환이 일어나 문제가 심각해진다.

하지만 지금까지 이 책을 읽어온 독자라면 이미 이해했을 것이라고 생각한다. 상대방(여기에서는 어머니나 아버지)의 질투를 알아차릴 수 있다면 문제에서 벗어날 수 있다는 사실을 말이다. 내가 소개하는 방법은 부모님께 감사 편지를 쓰는 것으로, 가장 손쉽게 부모의 질투를 중단시키는 방법이다.

존경심을 담아 감사 편지를 쓴다

앞에서 G씨와 H씨를 무기력하게 만든 버그는 모두 어머니와의 관계성이 원인이 되어 유발되었다. 그것은 다시 말해 어머니와의 관계성을 바꿀 수 있다면 버그는 자연스럽게 제거된다는 뜻이다. 이 관계성을 바꾸는 첫걸음은 어머니에게서 질투를 받고 있음을 인식하는 것이다. 안타깝게도 "그럴 리가 없습니다."라고 부정만 해서는 어머니와의 관계성을 변화시킬 수 없다.

어머니와의 관계성을 바꾸기 위해 내가 알려주는 방법은 어머니에게 감사 편지를 쓰는 것이다. 감사 편지를 씀으로써 어머니와의 관계성은 극적으로 변화한다. 속는 셈 치고 꼭 한번 실천해보기 바란다.

이때 조심해야 할 것은 호칭을 '엄마'가 아니라 '어머니'로 써야 한다는 점이다. 어머니가 자식에게 질투하는 이유는 어머니와 자식이 어떤 의미에서 대등한 관계가 되었기 때문이다. 편지를 통해 어머니가 위에 있고 자식이 아래에 있다는 사실을 본인이 인정한다면 어머니의 질투 발작은 누그러진다.

'엄마'가 아니라 '어머니'라고 불러야 하는 이유는 어머니와의 상하관계를 확실히 인정하고 경계를 뚜렷이 긋기 위해서다. 즉, 편지를 씀으로써 상하관계를 제대로 인정할 필요가 있는 것이다. '지금까지 키워주셔서 감사합니다'라는 감사의 마음을 꾸준히 보여준다면, 자식이 아래에 위치한다는 사실이 확실해지므로 어머니에게 질투 발작이 일어나지 않는다.

어머니가 윗사람이고 자식이 아랫사람이라고 자리매김함으로써 어머니를 제대로 존경할 수 있게 된다. 존경할 수 있다면 어머니와의 적절한 거리가 만들어지고, 이전에 어머니와의 관계성으로 무기력해진 상황을 되풀이하지 않게 된다. 그와 동시에 '질투하고 질투 당하는' 관계성도 소멸한다.

H씨의 외모 콤플렉스는 어머니의 질투에서 시작되었다. 그러므로 H씨도 역시 어머니에게 감사 편지를 써서 관계성을 바꾸는 방법이 유효하다. H씨는 외모 콤플렉스에서 벗어나고 싶다는 바람이 있으므로 감사 편지에는 그 콤

플렉스에 관해 쓰도록 한다. '어머니께서 ~해준 덕분에 저는 지금의 외모에 만족해요'라는 식으로 감사의 마음을 구체적으로 표현해서 쓰면 된다. 그렇게 함으로써 어머니의 질투 발작은 사그라진다.

외모 외에도 해소하고 싶은 콤플렉스가 있다면 반드시 그 내용을 편지에 쓰기 바란다. 머리가 나쁘다는 말을 들으며 자랐다면, '어머니 덕분에 교양을 쌓을 수 있어서 감사하다'는 취지의 편지를 쓰는 것이다. 어머니는 '내가 키운 자식이 이렇게 훌륭하게 자랐구나'라고 느낀다면 더 이상 질투를 하지 않게 된다.

감사 편지는 자식에게도 어머니에게도 오래된 주문을 풀어주는 훌륭한 방법이다. 어머니의 질투에 의해 버그가 발생해서 타인과의 거리감을 잘 유지할 수 없는 G씨와 외모 콤플렉스로 고민하는 H씨는 감사 편지를 인간관계의 윤활유로 삼아 버그를 없앨 수 있을 것이다.

아버지의 질투 발작에 의해 아이(특히 아들)에게 버그가 발생하는 경우도 있다. 아버지가 원인이 되어 아들에게 생기는 버그도 여러 가지 문제점을 품고 있으므로 개별 사례에 따라 취해야 할 대응 방법에는 차이가 있다. 그러나 어머니의 사례와 마찬가지로 근본적인 부분에서 아들이 아버지에게 감사한다면 버그는 점차 해소될 것이다.

아버지에 의해 아들에게 생기는 버그 가운데 전형적인 것은 권위를 받아들이지 못하는 상태다. 예를 들어, 상사의 지시에 따르지 않거나 윗사람에게 반항하는 태도를 취하는 것과 같은 버그다. 아버지가 아들에게 질투함으로써 아들에게 콤플렉스가 만들어진 것이다.

아들이라는 존재는 아버지의 눈으로 보면 '자신의 아내가 가장 사랑하는 남자'이기 때문에 엄청난 질투의 대상이 되기 마련이다. 이러한 관점에서도 역시 '감사 편지'는 효과적이다. 버그의 원인이 아버지와의 관계성에 있다는 점을 깨달은 사람은 꼭 시도해보기 바란다.

버그를
제거할 수 있는가?

이 책을 읽기 전과 후를 비교했을 때 무기력의 원인을 파악하는 방법이 달라졌는가? 사람에게 일어나는 버그가 일상생활이나 몸 상태에 커다란 영향을 끼친다는 사실을 이 책을 통해 알게 됐다면 무기력을 바라보는 관점이 완전히 달라졌을 것이다. 사람은 유쾌/불쾌 코드에 따라 살아가야 하는 존재임을 처음으로 깨달은 독자도 많을 것이다.

원래 우리의 삶은 행복을 지향한다. 다만 유쾌/불쾌 코드를 소중히 여기며 살아갈 때 가능한 것이다. 유쾌/불쾌 코드에 버그가 발생하면 감정 기복이 심해지고, 보지 않아도 될 추한 풍경을 잔뜩 보게 된다. 반대로, 버그가 제거되면 감정의 기복이 사라지고 평온하고 담담한 세상이 펼쳐지게 된다. 그런데 그 세상은 당신만이 볼 수 있고 당신만이 맛볼 수 있는 세상이다. 당신이 살아가는 이유는 그 세상을 보기 위해서라고 말해도 지나치지 않다.

우리는 누구나 지금 여기에서만 느낄 수 있고 만질 수 있는 풍경을 쌓아가는 주체다. 유쾌/불쾌 코드로 인생이라는 작품을 만들어간다면 즐겁고 아름답고 유쾌한 풍경을 잔뜩 모을 수 있을 것이다.

만능감을 버리고 유쾌/불쾌 코드로 살아간다는 것은 무기력 상태에서 벗어나기 위해 무엇보다 중요한 요소다. 무기력 상태에서 벗어나 한층 아름다운 풍경을 보기 위한 힌트로써 이 책을 활용한다면 저자로서 더 바랄 것이 없다.

오시마 노부요리

이 책의 저자인 오시마 노부요리는 심리 상담가로서 수
많은 상담 경험을 쌓은 심리 치료 전문가다. 최근에 그에게
상담을 받으러 찾아오는 내담자 중에 우울증, 회의감, 피로
감, 의욕 저하를 수반한 무기력증을 호소하는 사람들이 늘
었다고 한다.

많은 심리학자와 정신의학 전문가는 무기력증에 관해
환경의 영향, 기질적인 문제, 내분비적 문제 등을 거론하면
서 해결과 치료의 단초를 찾아보려고 애쓴다. 그러나 개인
마다 무기력증의 원인이 워낙 다양해서 좀처럼 진척이 보

이지 않는 실정이다.

그런 와중에 이 책의 저자인 오시마 노부요리는 무기력
증에 관한 매우 독특한 주장을 펼친다.

"무기력증에 빠져 좀처럼 행동하지 못하는 이유는
'만능감'과 '질투'때문이다!"

별안간 이게 무슨 뚱딴지같은 소리인가 싶을 것이다. 지
금까지의 무기력증 관련 심리 서적에서는 전혀 보지 못한
참신한 접근법이기 때문이다. 하지만 위의 주장을 하나하
나 뜯어보면 의외로 일리가 있음을 깨닫게 된다.

일단 '만능감'이란 '나는 무엇이든 하려고만 하면 할 수
있다'라는 심리 상태를 뜻한다. '무엇이든 노력만 하면 완벽
하게 해낼 수 있다'는 자신감 넘치는 상태이므로 언뜻 긍정
적인 심리로도 보인다. 하지만 만능감을 느낀다는 것은 그
만큼 욕심이 있다는 뜻이고, 그 욕심을 채우지 못했을 때의

상실감은 보통 사람보다 몇 배나 더 크다. 그래서 실패했을 경우에 맛보게 될 쓰라린 상실감과 죄책감을 두려워한 나머지, '하려고만 하면 할 수 있다'고 생각하면서도 정작 실천하지 못하게 되는 것이다. 이러한 갈등이 무기력증을 낳는다고 저자는 이야기한다.

그리고 '질투'는 열등감에서 비롯되는 감정이다. 열등감에 빠지면 자신의 상태에 만족하지 못하기 때문에 질투 대상을 헐뜯거나 끌어내림으로써 자신의 결핍을 채우려고 한다. 그래서 질투는 공격성을 띠게 되는 것이다. 악의를 지닌 '질투 공격'을 받으면 스트레스가 쌓일 수밖에 없고, 이러한 스트레스가 해소되지 않은 채 마음속에 정체되면 무기력증이 발현하게 된다는 이야기다.

독특한 주장일지언정 전혀 수긍하지 못할 바도 아니고, 이미 구상의 수준을 넘어 실제 심리 상담의 현장에서도 활용하며 어느 정도 성과를 올리고 있는 방법이다. 앞으로 무기력증 상담과 치료 분야에서 새로운 활로를 열어줄 가능성을 품고 있다고 하겠다.

무기력증으로 고통받는 사람은 흔히 자기 자신을 탓하기 마련이다. '나에게 무슨 문제가 있는 건가?' 싶은 정체 모를 불안감으로 스스로 죄책감을 증폭시킴으로써 자기부정이 심해지고 더욱 우울해지며 무기력해진다.

"너는 왜 그렇게 의욕이 없니?"라는 말을 주변에서 줄곧 들어온 사람이라도 스스로 의욕 부진에서 어떻게 하면 벗어날 수 있을지 알기 힘들다. 어렴풋이 알 것 같으면서도 끝내 뚜렷한 답을 알아내지 못한 채 아무런 대처 없이 의욕 부진을 방치하고 마는 게 현실이다. 그런데 이 책에서는 '만능감'과 '질투'를 없애는 것이 무기력증에서 벗어나는 방법이라고 해결법을 명확히 제시하고 있고, 그 설명에도 충분히 공감할 만하다.

하지만 언뜻 '만능감'과 '질투'를 없애기는 도통 힘들어 보인다. '만능감'과 '질투'는 마음속에서 자연스럽게 일어나는 감각이기 때문에 스스로도 어떻게 대처할 방도가 없어 보인다.

그런데 이 책은 '만능감'과 '질투'를 없애기 위한 실용적인 방책을 꼼꼼히 설명해줌으로써 실천으로 옮길 수 있도록 도와준다. 누구나 실천하면 무기력증에서 벗어날 수 있는 길을 열어준 것이다. 과연 정말로 무기력증에서 벗어날 수 있을지는 실천해보지 않고서는 모르는 일이지만, 적어도 해결 방법을 경험적으로 알려주고 있다는 점이 이 책의 미덕이다.

이 책은 무기력 증상을 겪는 내담자의 고통을 하루빨리 덜어주기 위해 분주히 달려온 한 심리 상담가가 무기력증 상담과 치료 분야에 새로운 방법을 접목해보려는 뜻깊은 시도라고 할 수 있다. 저자는 내담자에 대한 애정과 세상을 살아가는 모든 사람들에 대한 애정이 각별하기에 이러한 시도가 가능하지 않았을까 싶다.

옮긴이의 글

사회의 유대감과 결속력이 떨어져서 소외되는 개인들이 많아지고 있는 요즘에는 이러한 시도가 더욱 빛을 발할 것으로 생각한다.

의욕상실 극복 중입니다

초판 1쇄 발행 2019년 7월 2일

지은이 | 오시마 노부요리
옮긴이 | 이용택

발행처 | 이너북
발행인 | 이선이

편 집 | 이상미
마케팅 | 김 집
디자인 | 김동광

등 록 | 제 313-2004-000100호
주 소 | 서울시 마포구 독막로 27길 17(신수동)
전 화 | 02-323-9477 팩스 | 02-323-2074
E-mail | innerbook@naver.com
블로그 | http://blog.naver.com/innerbook
페이스북 | https://www.facebook.com/innerbook

ⓒ오시마 노부요리, 2019
ISBN   979-11-88414-09-3 03180